智能汽车无人驾驶技术

◆ 韩 毅 陈姝廷 关 甜 编著

化学工业出版社

·北京·

内容简介

本书是一本关于智能汽车无人驾驶技术的普及性读物,介绍了当今无人驾驶技术从硬件到软件的关键技术。全书共6章,第1章对智能汽车无人驾驶技术进行了总体性的介绍;第2章介绍了智能汽车无人驾驶系统硬件,如线控底盘、传感器、摄像头等;第3章介绍了智能汽车算法子系统,如感知、决策、控制等;第4章介绍了智能汽车计算平台,如计算平台架构、参考指标、异构分布硬件架构、操作系统等;第5章介绍了智能汽车辅助单元,如云控平台、人机交互、 V2X等;第6章对智能汽车无人驾驶技术的未来发展进行了展望。本书以简短的篇幅,对智能汽车无人驾驶的几个关键技术点进行讲解,内容上层层深入,基本覆盖了智能汽车无人驾驶技术所涉及的各类知识。

本书可供具有一定工科背景、对汽车前沿技术感兴趣的非汽车专业人士阅读使用,也可供汽车专业的入门者学习使用,对从事智能汽车、无人驾驶技术研发和产业化的研究生、工程师和创业者亦有参考价值。

图书在版编目(CIP)数据

图说智能汽车无人驾驶技术/韩毅,陈姝廷,关甜编著.—北京:化学工业出版社,2022.11(2024.1重印)
ISBN 978-7-122-42101-2

Ⅰ.①图⋯ Ⅱ.①韩⋯ ②陈⋯ ③关⋯ Ⅲ.①汽车驾驶-无人驾驶-普及读物 Ⅳ.①U471.1-49

中国版本图书馆CIP数据核字(2022)第162483号

责任编辑:张海丽
文字编辑:温潇潇
责任校对:田睿涵
装帧设计:刘丽华

出版发行:化学工业出版社
(北京市东城区青年湖南街13号 邮政编码100011)
印 装:中煤(北京)印务有限公司
710mm×1000mm 1/16 印张 8½ 字数148千字
2024年1月北京第1版第2次印刷

购书咨询:010-64518888
售后服务:010-64518899
网   址:http://www.cip.com.cn
凡购买本书,如有缺损质量问题,本社销售中心负责调换。

定 价:59.80元　　　　　　　　　　版权所有　违者必究

前言

当前,汽车产业正在经历百年一遇的变革,以电动化、智能化、网联化、共享化为特征的"新四化"浪潮正深刻改变着汽车行业的面貌。随着自动驾驶技术的发展,其路线逐渐由单车智能向协同智能发展。协同智能是在单车智能的基础上融合 5G 通信、云计算、大数据等领域技术,从而加速无人驾驶技术发展,让无人驾驶安全。本书着重对智能汽车无人驾驶的相关技术进行介绍,紧跟现阶段汽车产业的发展趋势,希望可以给对智能汽车感兴趣的人员提供一些相关知识。

全书共 6 个章节。章节安排清晰明了,在第 1 章简要介绍无人驾驶车辆的概念和发展现状之后,第 2 章至第 5 章着重阐释无人驾驶车辆所需的软硬件设备、算法以及外部环境等知识;除此之外,第 6 章还对未来汽车的发展趋势进行简单的分析和展望。读者可以根据学习兴趣和需要对各章节内容进行选择性阅读。本书内容条理清晰、层次分明、语言简练、图文并茂、重点突出、详略得当,简化了冗长的理论分析和推导过程,强化了无人驾驶车辆技术层面上的介绍。主要内容包括无人驾驶车辆所需的软件设备的组成和各组成部分的功用;无人驾驶车辆所需算法的特点、优缺点对比以及应用场景分析;所需外部环境的信息以及典型的适用场景介绍。

编著者在写作过程中,有意穿插一些传统汽车的知识,和智能汽车形成对比,希望能帮助读者更好地理解智能汽车无人驾驶技术。例如,第 4 章介绍汽车电子电气架构时,阐述了汽车电子电气架构的演变过程,使传统汽车和智能汽车的电子电气架构形成对比。同时,在各章节使用了一些逻辑清晰、通俗易懂的图片对技术层面的知识进行表达和解释,旨在给晦涩难懂的文字增添一些趣味性,使本书的可读性更强,使想要了解无人驾驶车辆的零基础读者更容易理解技术层面的知识。例如,在第 1 章介绍无人驾驶概念时,利用一幅漫画把无人驾驶和自动驾驶区别开来,使概念更清晰明了。

在本书的编写过程中，参考了部分书籍和相关文献资料，在此对这些文献的原作者表示诚挚的感谢！

由于编著者水平有限，书中难免存在一些不足，恳请广大读者和各位专家不吝指教，以使本书不断完善。

编著者

目 录

第1章 智能汽车无人驾驶技术概述 ... 001

1.1 自动驾驶与无人驾驶的区别 ... 003
1.2 智能汽车概述 ... 004
1.2.1 车联网 ... 004
1.2.2 智能网联汽车 ... 012
1.2.3 车辆驾驶自动化分级 ... 014
1.3 无人驾驶发展现状 ... 015

第2章 智能汽车无人驾驶系统硬件 ... 017

2.1 线控底盘 ... 019
2.1.1 线控油门 ... 020
2.1.2 线控制动 ... 021
2.1.3 线控转向 ... 022
2.1.4 线控换挡 ... 023
2.2 传感器概述 ... 024
2.3 摄像头 ... 026
2.3.1 摄像头原理、组成及工作流程 ... 026
2.3.2 单目摄像头 ... 027
2.3.3 双目摄像头 ... 028
2.4 雷达传感器 ... 029
2.4.1 毫米波雷达 ... 029
2.4.2 激光雷达 ... 030
2.4.3 超声波雷达 ... 031
2.5 GPS/IMU ... 031
2.6 传感器标定 ... 033
2.6.1 摄像头标定 ... 033

2.6.2 激光雷达标定 ·· 036
2.7 车速传感器 ·· 037
2.8 红外传感器 ·· 038

第3章 智能汽车算法子系统 ·································· 041

3.1 感知 ·· 043
    3.1.1 定位 ·· 043
    3.1.2 物体识别 ·· 045
    3.1.3 物体追踪 ·· 047
3.2 决策 ·· 047
    3.2.1 行为预测 ·· 047
    3.2.2 路径规划 ·· 048
    3.2.3 避障机制 ·· 050
3.3 控制 ·· 051
    3.3.1 LQR算法 ·· 051
    3.3.2 PID算法 ··· 053
    3.3.3 MPC算法 ·· 056

第4章 智能汽车计算平台 ······································· 059

4.1 车载智能计算基础平台参考架构 ························· 061
    4.1.1 参考架构总体框架及其特点 ·························· 062
    4.1.2 核心算法开发技术 ·· 064
4.2 参考指标 ·· 068
4.3 异构分布硬件架构 ··· 072
4.4 自动驾驶操作系统 ··· 074
    4.4.1 功能软件 ·· 075
    4.4.2 系统软件 ·· 077
4.5 工具链和安全体系 ··· 080

4.5.1　工具链 ·· 080
4.5.2　安全体系 ·· 082
4.6　高级别自动驾驶汽车计算平台 ························· 083

第5章　智能汽车辅助单元 ··································· 087

5.1　云控平台 ··· 089
5.1.1　云控平台架构 ··· 089
5.1.2　系统特征与关键技术 ································ 096
5.1.3　仿真测试和高精度地图的生成 ····················· 100
5.2　人机共驾 ··· 105
5.3　V2X ·· 109
5.3.1　基于局域网络的V2X ································ 110
5.3.2　基于蜂窝网的技术（C-V2X） ···················· 113
5.4　汽车"黑匣子"——事故数据记录仪 ···················· 116

第6章　未来发展趋势 ······································· 119

参考文献 ··· 127

第 1 章

智能汽车无人驾驶技术概述

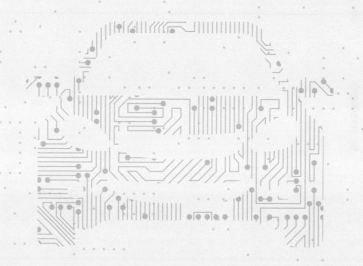

1.1 自动驾驶与无人驾驶的区别

自动驾驶和无人驾驶认知主体不一样,自动驾驶决定驾驶行为的是人,如今大多数品牌开发的都是具有自动驾驶功能的汽车,人类驾驶和自动驾驶可由驾驶员自由切换。

无人驾驶比自动驾驶高一个级别,是将开车这件事完全交给机器,也叫自主驾驶。例如,谷歌的无人驾驶汽车,没转向盘,没油门,只有一个启动和停止按钮,上了车设定目的地,怎么走,开多快,由车自己控制。

其实,早在20多年前,汽车业界就开始研发自动驾驶技术,并且将其大量应用在汽车上。最典型的是自动巡航技术,设定好速度后,司机只要操控转向盘就可以了,不用踩油门,车子以设定好的速度匀速行驶。

自动驾驶相对于人类驾驶有更强的环境感知能力,它可以使用主动与被动感测器持续做大范围的感测,具有360°视野,故它可对潜存危机进行预判并产生动作,以尽可能保证车内成员的安全,且其反应能力较人类驾驶更为迅速。因此,它能避免因为行车距离过近、驾驶员分心驾驶及危险驾驶等人为因素而导致的交通事故。

而无人驾驶相对于自动驾驶更加安全高效。它无须人为干预便可独立计算完成一整套正常、安全行驶的系统。简单而言,其特点就是更加安全稳定。

自动驾驶和无人驾驶的区别如图1-1所示。

图1-1

图 1-1　自动驾驶和无人驾驶的区别

1.2　智能汽车概述

1.2.1　车联网

（1）定义

车联网的概念源于物联网，即车辆物联网，是以行驶中的车辆为信息感知对象，借助新一代信息通信技术，实现车与X（即车与车、人、路、服务平台）之间的网络连接。它可提升车辆整体的智能驾驶水平，为用户带来安全、舒适、智能、高效的驾驶感受，同时提高交通运行效率，提升社会交通服务的智能化水平。

车联网通过新一代信息通信技术实现车与云平台、车与车、车与路、车与人、车内等全方位网络连接，主要是实现了"三网融合"，即将车内网、车际网和车载移动互联网进行融合。车联网是利用传感技术感知车辆的状态信息，并借助无线通信网络与现代智能信息处理技术实现交通的智能化管理，以及交通信息服务的智能决策和车辆的智能化控制。

四种网络连接的车联网技术介绍如下：

① 车与云平台间的通信，是指车辆通过卫星无线通信或移动蜂窝等无线通信技术实现与车联网服务平台的信息传输，接收平台下达的控制指令，实时共享车辆数据，如图 1-2 所示。

② 车与车间的通信，是指车辆与车辆之间实现信息交流与信息共享，包括车辆位置、行驶速度等车辆状态信息，可用于判断道路车流状况，如图 1-3 所示。

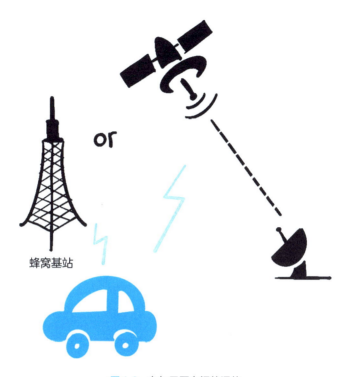

图 1-2　车与云平台间的通信

图 1-3　车与车间的通信

③ 车与路间的通信，是指借助地面道路固定通信设施实现车辆与道路间的信息交流，用于监测道路路面状况，引导车辆选择最佳行驶路径，如图 1-4 所示。

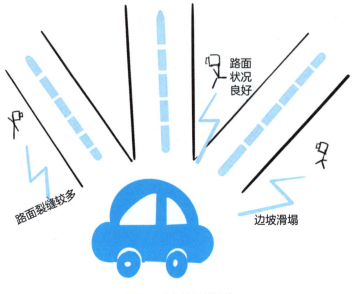

图 1-4　车与路间的通信

④ 车与人间的通信，是指用户可以通过 Wi-Fi、蓝牙、蜂窝等无线通信手段与车辆进行信息沟通，使用户能通过对应的移动终端设备监测并控制车辆，如图 1-5 所示。

图 1-5　车与人间的通信

(2) 发展历史

车联网在国外起步较早。在 20 世纪 60 年代，日本就开始研究车间通信。2000 年左右，欧洲国家和美国也相继启动多个车联网项目，旨在推动车间网联系统的发展。2007 年，欧洲 6 家汽车制造商（BMW 等）成立了 Car2Car 通信联盟，积极推动建立开放的欧洲通信系统标准，实现不同厂家汽车之间的相互沟通。2009 年，日本的 VICS（车辆信息通信系统）车机装载率已达到 90%。而在 2010 年，美国交通部发布了《智能交通战略研究计划》，内容涵括了美国车辆网络技术发展的详细规划和部署。国外车联网发展历史如图 1-6 所示。

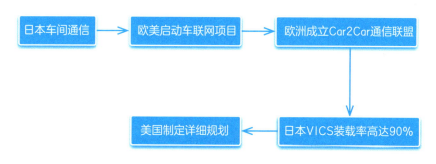

图 1-6　国外车联网发展历史

与国外车联网产业发展相比，我国的车联网技术直至 2009 年才刚刚起步，最初只能实现基本的导航、救援等功能。随着通信技术的发展，2013 年，国内汽车网络技术已经能够实现简单的实时通信，如实时导航和实时监控。在 2014—2015 年，3G 和 LTE（长期演进）技术开始应用于车载通信系统以进行远程控制。2016 年 9 月，华为、奥迪、宝马和戴姆勒（现更名为梅赛德斯-奔驰）等公司和品牌合作推出 5G 汽车联盟（5GAA），并与汽车经销商和科研机构共同开展了一系列汽车网络应用场景的研究。此后至 2017 年底，国家颁布了多项方案，将发展车联网提到了国家创新战略层面。在这期间，人工智能和大数据分析等技术的发展使得车载互联网更加实用，如企业管理和智能物流。此外，ADAS（高级驾驶辅助系统）等技术可以实现与环境信息交互，使得 UBI（基于使用的保险）业务的发展有了强劲的助推力。未来，依托于人工智能、语音识别和大数据等技术的发展，车联网将与移动互联网结合，为用户提供更具个性化的定制服务。国内车联网发展历史如图 1-7 所示。

图 1-7　国内车联网发展历史

在 2021（第二十届）中国互联网大会上发布的《中国互联网发展报告（2021）》指出，中国车联网标准体系建设基本完备，车联网成为汽车工业产业升级的创新驱动力。截至 2021 年，车联网的装机量有三百多万台，市场增长率有 107%，渗透率有 15%，说明整车连接到互联网上已经形成了一个非常好的趋势，而且具备了一定的规模。

（3）车联网体系结构

车联网体系结构主要由三大层次组成，按照由高到低分别是应用层、网络层和采集层。

① 应用层是车联网的最高层次，可以为联网用户提供各种车辆服务业务。从当前最广泛应用的业务内容来看，主要就是由全球定位系统取得车辆的实时位置数据，然后返回给车联网控制中心服务器，经网络层的处理后进入用户的车辆终端设备，终端设备对定位数据进行相应的分析处理后，可以为用户提供各种导航、通信、监控、定位等应用服务。

② 网络层主要功能是提供透明的信息传输服务，即实现对输入和输出数据的汇总、分析、加工和传输，一般由网络服务器以及 WEB 服务器组成。GPS 定位信号及车载传感器信号上传到后台服务中心后，由服务器对数据进行统计管理，为每辆车提供相应的业务，同时可以对数据进行联合分析，形成车与车之间的各种关系，建立局部车联网服务业务，为用户群提供高效、准确、及时的数据服务。

③ 采集层负责数据的采集，它是由各种车载传感器完成的，包括

车辆实时运行参数、道路环境参数以及预测参数等，如车速、方向、位置、里程、发动机转速、车内温度等。所有采集到的数据将会上传到后台服务器进行统一的处理与分析，得到用户所需要的业务数据，为车联网提供可靠的数据支持。

（4）具体应用

车联网是实现自动驾驶乃至无人驾驶的重要组成部分，也是未来智能交通系统的核心组成部分，将在以下四个方面发挥越来越重要的作用。

① 车辆安全方面：车联网可以通过超速警告、逆行警告、红灯预警、行人预警等相关手段提醒驾驶员，也可通过紧急制动等措施有效降低交通事故的发生率，保障人员及车辆安全。

② 交通控制方面：将车端和交通信息及时发送到云端，进行智能交通管理，从而实时播报交通状况，缓解交通堵塞，提高道路使用率。车联网在车辆安全方面及交通控制方面的应用示意图如图1-8所示。

图1-8　车联网在车辆安全方面及交通控制方面的应用示意图

③ 信息服务方面：车联网为企业和个人提供方便快捷的信息服务，例如提供高精度电子地图和准确的道路导航。车企也可以通过收集和分析车辆行驶信息，了解车辆的使用状况和问题，确保用户行车安全。其他企业还可通过相关特定信息服务了解用户需求和兴趣，挖掘盈利点。

④ 智慧城市与智能交通方面：以车联网建立通信管理平台，构建智能交通系统，如交通信号灯智能控制、智慧停车、智能停车场管理、交通事故处理、公交车智能调度等都可以通过车联网实现。交通的信息化和智能化，必然有助于智慧城市的构建。

(5) 发展趋势

作为具有新生力量的车联网技术，其未来的发展趋势可能表现在以下几个方面。

① 导航精确化：在灵敏导航系统的运行下，车辆将能够即时获得系统指示，并依据驾驶员的既往经验对导航路径实施精准计算，以此为驾驶员提供精准的导航指导。

② 整车硬件的联网化：汽车电子电气系统正逐渐向集中式架构体系发展，未来的每一台汽车都将像一台智能手机一样，对应的也是应用软件、操作系统、芯片层、硬件层。应用软件可以基于唯一的操作系统和计算芯片开发，通过统一集中的ECU（电子控制单元）控制多个硬件。汽车软件控制将更高效，并能像手机一样，实现OTA（空中下载技术）升级，从而实现对控制软件的持续优化，不断改善硬件性能体验。通过这种集中式的电气架构，整车硬件的运转情况就可以通过软件实现远程调校修改。

③ 用车服务的线上化：整车数字化时代的车联网，将极大地提高汽车用车服务的质量。线下付费的用车场景都将实现线上化，汽车的实时车况可以通过云端传输给服务商，车况的透明化将助力服务商为用户提供一系列主动式的服务，如代驾、停车场、加油站、违章查询代缴、充电桩收费、上门保养、上门洗车、UBI保险等。这时候汽车成为流量出口，服务商有动力推销服务，线上高效快捷的服务体验也将吸引用户，从而大大提升用车服务的效率。

④ 车联网功能服务方式的多样化：整车数字化时代，每辆车的所有车况信息都可以在云端对应一个ID。基于ID的统一管理和适配开发，车联网功能将不局限于车机这一个交互渠道，可拓展到手机APP、

小程序、智能穿戴设备、公众号等多个交互端，将为用户用车提供极大的便利，延长人车交互的频率和时间，改善交互体验，改善用车体验。另外，通过分拆车联网功能，把有些对网速或运算能力要求高的功能分拆至车外，如手机 APP、智能穿戴设备等（但车机上应有的功能，如导航等，必须要保留），这样就对车载车联网硬件要求降低，从而覆盖更多的低端车型。通过大数据积累自学习，实现千人千面的交互服务。

车联网发展趋势如图 1-9 所示。

图 1-9 车联网发展趋势

⑤ 助力自动驾驶技术发展：随着整车联网能力的增强，智慧城市基础设施的进一步发展，自动驾驶感知和决策功能将从车上转移至道路基础设施，有助于单车成本下降，并且能通过区域内集中控制实现所有车辆的自动驾驶，提升交通效率与安全性。自动驾驶功能的商业模式也将有极大的创新应用，因为整车硬件的功能都可以通过云端开启关闭，同一个车型可以拥有一样的硬件，但可通过软件限制区分不同的配置，允许用户在购车之后，再通过付费开启车上的软件功能，使得"免费试用"的模式成为可能。这样既可以实现对消费者的推销，又能反向促进车企提供可足够吸引用户的自动

驾驶软件。

1.2.2 智能网联汽车

（1）基本介绍

智能网联汽车是指车联网与智能车的有机联合，是搭载先进的车载传感器、控制器、执行器等装置，并融合现代通信与网络技术，实现车与人、路、后台等智能信息交换共享，实现安全、舒适、节能、高效行驶，并最终可替代人来操作的新一代汽车。

智能网联汽车是一种跨技术、跨产业领域的新兴汽车体系，从不同角度、不同背景对它的理解是有差异的，各国对于智能网联汽车的定义不同，叫法也不尽相同，但终极目标是一样的，即可上路安全行驶的无人驾驶汽车。

智能网联汽车更侧重于解决安全、节能、环保等制约产业发展的核心问题，其本身具备自主的环境感知能力，其聚焦点是在车上，发展重点是提高汽车安全性。从广义上讲，智能网联汽车是以车辆为主体和主要节点，融合现代通信和网络技术，使车辆与外部节点实现信息共享和协同控制，以达到车辆安全、有序、高效、节能行驶的新一代多车辆系统。

（2）发展趋势

2022年全国两会期间，多位汽车行业人大代表提出了包括建立法律规范体系、打造操作系统生态、保护汽车数据隐私、推动国产车规级芯片产业化等多项智能网联汽车相关建议。构建智能网联汽车体系化优势，已成为汽车产业人的共同愿景和汽车产业发展的远景目标。对智能网联汽车产业体系的强力推动，也将使车用传感器迎来快速发展的重大机遇期。根据赛迪观点及中国电子报的预测，智能网联汽车的发展趋势有以下四条。

① 低时延要求使车载传感器向着近传感器计算方向发展。自动驾驶汽车需要快速分析数据并作出实时决策，而在传统的感知计算架构中，传感器和计算单元在物理空间上的分离会导致信号严重延迟。采用近传感器计算（如边缘计算、雾计算），可以有效解决信息延迟问题。其中，边缘计算技术是在靠近传感器的位置安装集存储、计算、网络等功能于一体的开放平台，如将汽车电子控制单元置于各个传感器附近，就近接收并处理传感器数据，作出相应决策；雾计算是

将服务器大量放置在道路两侧，从而可以就近对车载传感器数据进行分析计算，以实现更快、更可靠的导航和决策。

② 安全性要求使传感器系统向着车路协同方向发展。受限于传感器的安装位置、感知范围，以及路边障碍物和周围车辆尺寸的影响，仅使用车载传感器无法对道路情况进行全面准确的感知，而在道路两侧安装感知传感器则可以为自动驾驶车辆提供"上帝视角"，从而与车载传感器信息形成互补。5G 技术的发展也为车路传感器的快速协同提供了基础通信技术保障。在道路两侧密集部署感知传感器也在一定程度上减轻了车载传感器的成本压力，更有利于智能网联汽车后期的市场推广。

③ 数据安全要求使传感器与区块链技术逐步融合。智能网联汽车本质上是使用计算机和传感器的物联网设备，容易遭受黑客攻击。区块链通过分布式账本、非对称加密、共识机制和智能合约等核心技术，建立具有去中心化、开放性、独立性、安全性、匿名性的数据存储系统，不仅具有数据可溯源的优势，而且保证了节点数据无法被篡改，可以有效帮助车载传感器系统避免 DDoS（分布式拒绝服务攻击）攻击。然而，采用区块链技术，对传感器模块的数据存储能力也提出了更高的要求。

④ 单点失效可能性使智能网联汽车采用传感器冗余设计。单个传感器在特定环境下失效，将导致智能网联汽车对某一环境信息的感知不到位，从而导致汽车做出错误的或保守性的决策。为预防行车途中可能存在的某一关键性信息缺失，智能网联汽车会采用冗余的传感器系统。不同传感器的工作原理和技术特性各不相同，为适合不同的应用场景，可采用多类型传感器结合的冗余方案确保行车安全。例如，在外部感知层面，采用超声波雷达＋毫米波雷达＋立体摄像头＋激光雷达的多传感器冗余方案，可确保在任何状况下都能准确感知外部环境；在定位模块方面，采用卫星定位智能传感器和雷达相结合的冗余设计，将基于卫星信号的绝对定位信息和基于道路特征的相对定位信息进行比对，确认汽车在当前道路中的位置，从而可以实现厘米级的定位精度。

智能网联汽车发展趋势如图 1-10 所示。

智能网联汽车发展趋势
近传感器计算—可采用边缘计算、雾计算等近传感器计算，实现更快、更可靠的决策与导航
车路协同—可借助车路协同系统补充传感器信息，提高汽车对道路情况的感知能力，确保行车安全
融合区块链技术—与区块链技术相融合，可保障传感器数据的可溯源性和安全性
传感器冗余设计—提高汽车对外部环境的感知能力，实现高精度定位，确保行车安全

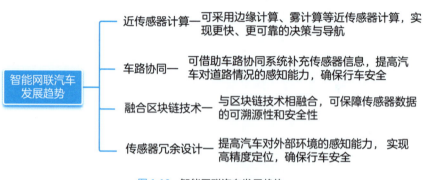

图 1-10 智能网联汽车发展趋势

1.2.3 车辆驾驶自动化分级

关于汽车自动化等级的划分，工业界目前有两套标准：一套由美国交通部下属的国家高速公路安全管理局（NHTSA）制定，另一套是美国汽车工程师学会（SAE）制定。当前，多采用 SAE 的划分方法，如图 1-11 所示。SAE 关于汽车自动化等级划分的标准为 SAE J3016。

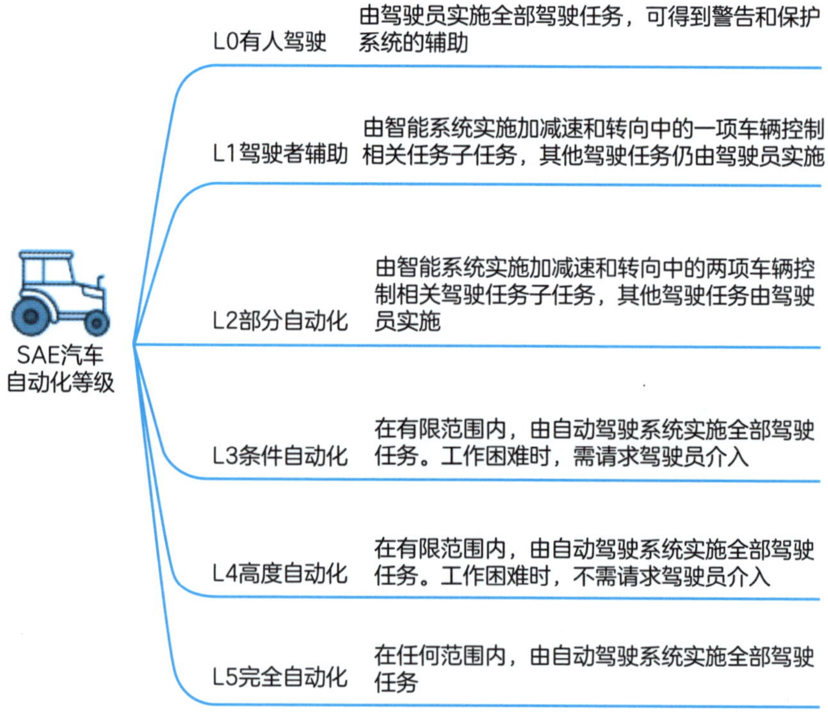

SAE汽车自动化等级
L0有人驾驶 由驾驶员实施全部驾驶任务，可得到警告和保护系统的辅助
L1驾驶者辅助 由智能系统实施加减速和转向中的一项车辆控制相关任务子任务，其他驾驶任务仍由驾驶员实施
L2部分自动化 由智能系统实施加减速和转向中的两项车辆控制相关驾驶任务子任务，其他驾驶任务由驾驶员实施
L3条件自动化 在有限范围内，由自动驾驶系统实施全部驾驶任务。工作困难时，需请求驾驶员介入
L4高度自动化 在有限范围内，由自动驾驶系统实施全部驾驶任务。工作困难时，不需请求驾驶员介入
L5完全自动化 在任何范围内，由自动驾驶系统实施全部驾驶任务

图 1-11 SAE 汽车自动化等级

L0（有人驾驶）：该级别完全由人进行驾驶。

L1（驾驶者辅助）：该级别汽车添加了一些车辆辅助功能，如动态稳定控制系统。大多数现代车都在这个级别中。

L2（部分自动化）：该级别涉及至少两个主要功能的自动化。例如，一些高端车辆提供的主动（自适应）巡航控制和车道保持辅助共同工作。

L3（条件自动化）：该级别车辆可以在某些条件下进行自动驾驶，但如果有需要的话，驾驶员可以接管汽车控制。L3级的自动驾驶汽车仍需要驾驶员监管。

L4（高度自动化）：该级别车辆可以始终处于自己完全控制的状态，即使没有驾驶员也能操作，不过是在限定区域或限定环境下。L4和L3最主要的区别在于是否仍然需要人类干预，L4的车辆能够在紧急情况下自行解决问题，而L3的车辆在此情况下则需要人类驾驶员的介入。

L5（完全自动化）：该级别是真正意义上的可以在每个驾驶场景中完全自主驾驶（无人驾驶）。

目前，大多数自动驾驶汽车处于L2~L4阶段，即能够在特定的限制区域测试，并且需要车上安全员随时进行介入。

1.3 无人驾驶发展现状

根据上述美国汽车工程师学会SAE的分级标准，自动驾驶技术从最开始只能简单配备自动紧急制动、各类危险警告功能的L0，到现在初步为驾驶员提供转向、制动、加速等控制功能的L1和L2，严格来讲都只是"智能驾驶辅助"。

现在自动驾驶汽车的自动驾驶和辅助驾驶的主要分水岭是L3自动驾驶技术，但就算是L3的自动驾驶技术也只能在特定的情况下实现自动驾驶技术，而且车辆仍然离不开驾驶员的配合，在行驶过程中，也还是以人工干涉为主。

L3跨越到L4，就可以取消转向盘和制动，实现真正的自动驾驶，虽然还是需要在特定的环境下去启动，但是已经不需要人为的操作了。

若是再进一步到达 L5，自动驾驶就没有了限制，属于是任何场景都可以放心使用，且具有高智能、高互动能力的汽车机器人了。

百度此前推出的无人驾驶出租车，就是基于 L4，不过考虑到安全等方面问题，目前阶段仍然配备有应对紧急状况的安全驾驶员。所以严格来讲，更像是 L3 级后期的技术应用，也被称作 L3+。

实际来说，至少在未来两年内，能够实现 L3 量产、甚至 L4 落地的企业，仍然只是为数不多的一小部分。

由此来看，无人驾驶汽车的普及之路还很漫长，如图 1-12 所示。

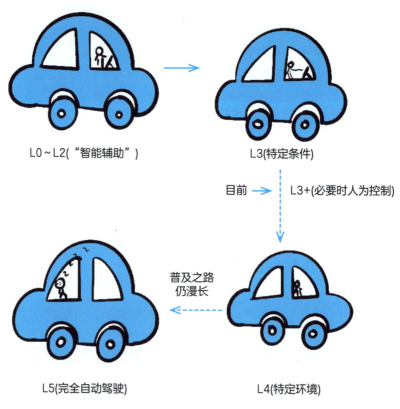

图 1-12　无人驾驶汽车普及之路

第 2 章

智能汽车无人驾驶系统硬件

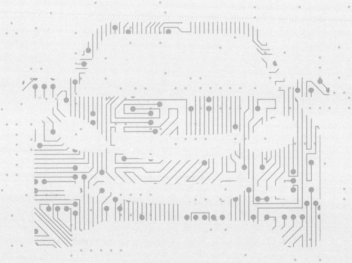

2.1 线控底盘

所谓线控,就是通过电信号、电控机构,取代传统机械连接装置的硬连接。设备端可以根据电信号,通过电控机构自主完成相应操作,但原本的操作端也有传感器,识别人工指令。

通俗来讲,线控技术将由人力直接控制的整体式机械系统,变成操作端和设备端相互独立的两部分。设备端可以由人传递的信号操作,也能由其他来源的电信号操作。这种技术起源于飞机的电传操纵系统,但随着电子油门、ADAS 等新功能的出现,也开始被越来越多的汽车所使用。

线控底盘也是高阶自动驾驶的基础,通过制动(刹车)、油门、转向、挡位四个关键部分的线控设计,如图 2-1 所示,实现电信号控制车辆完成所有横向和纵向动作。

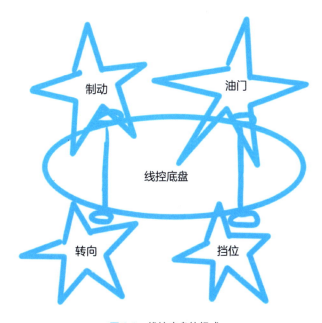

图 2-1 线控底盘的组成

在线控底盘发展初期，林肯 MKZ 成为大部分自动驾驶公司所选择的车辆，也正是因为其支持线控油门、线控转向、线控制动这三个最关键技术，使得 MKZ 的硬件高度适配自动驾驶公司的控制系统。

林肯 MKZ 适配如图 2-2 所示。

图 2-2　林肯 MKZ 适配

此后，线控系统供应商 Dataspeed 推出越来越多的改装套件，通过将开发的控制器安装上车，无需再添加任何执行器，就可以实现线控改装，进而使得更多车辆底盘具备线控能力。

2.1.1　线控油门

线控油门主要由油门踏板、踏板位移传感器、电控单元（ECU）、数据总线、电机和油门执行机构组成。踏板位移传感器随时监测油门踏板位置，当监测到油门踏板高度位置发生变化时，会瞬间将此信息传送至伺服电机，由伺服电机驱动油门执行机构实现油门控制。

线控油门工作流程如图 2-3 所示。

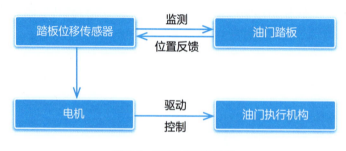

图 2-3　线控油门工作流程

线控油门系统的优点有：控制灵敏、精确，发动机能根据汽车的各种行驶信息精确地调节空燃比，改善发动机的燃烧状况，提高动力性和燃油经济性。还可与油压、温度和废气再循环电子信号结合，减少废气排放。减少机械组合零部件，可相应减轻机械结构的重量，降低机械零部件的维修概率。

并且，当前线控油门或电子油门技术已经成熟。针对燃油车和混合动力汽车，线控油门现在基本是标准配置；纯电动汽车中，都是线控油门，基本不需要换挡，若有换挡也会是线控。巡航定速是线控油门的基础应用，凡具有定速巡航功能的车辆都配备有线控油门。从发展阶段来看，目前线控油门渗透率接近100%，相对处于较成熟阶段。就算是传统燃油车，线控油门也基本是标准配置，而混合动力和电动汽车更是完全采用线控油门。因此，在自动驾驶的应用中，线控油门的改装与实现也相对容易。

线控油门简图如图2-4所示。

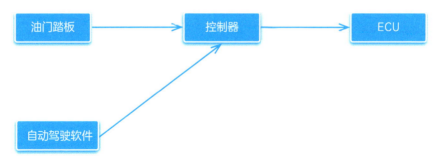

图2-4 线控油门简图

2.1.2 线控制动

线控制动系统由制动踏板模块、车轮及制动执行机构、传感器和电控单元等组成。驾驶者进行制动操作时，踏板行程传感器探测驾驶者的制动意图，把这一信息传递给电控单元，电控单元汇集轮速传感器、转向角传感器等各种信息，根据车辆行驶状态计算出每个车轮的最大制动力，再发指令给制动执行器对各个车轮实施制动。同时，控制系统也接收其他电控系统（ABS、ESP、ACC等）传感器的信号，从而保证最佳的减速制动和车辆的行驶稳定性。

线控制动工作流程如图 2-5 所示。

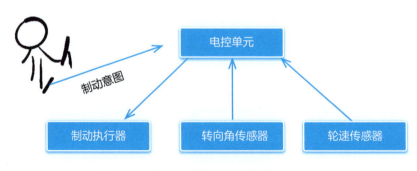

图 2-5　线控制动工作流程

线控制动系统的优点有：

① 制动响应时间短，提高制动性能的同时，可优化 ABS（防抱死制动系统）和 ESP（车身电子稳定系统）功能。

② 结构简单，系统装配、测试快捷。采用模块化结构，减少机械制动部件，更利于车厢布置，提升了被动安全性。

③ 增加汽车堵车辅助制动和起步辅助功能。堵车时，驾驶者只需控制油门踏板，系统就会自动施加一定的制动力以减速停车。当车辆在斜坡启动时，迅速踩踏一下制动踏板，松开驻车制动，车辆就会平稳起步。

2.1.3　线控转向

线控转向系统（SBW）主要由转向盘模块、转向器模块和电控单元（ECU）组成。在 SBW 系统中，驾驶者通过转向盘上的传感器将转向信号传递给电控单元，电控单元对采集信号进行分析处理后将控制信号传递至转向电机，从而控制转向电机转向所需转矩，带动车轮转向，实现驾驶者的转向意图。同时，转向轮上的传感器将车轮转向角、转向加速度反馈给电控单元，由电控单元向转向盘回正力矩电机发送信号，产生转向盘回正力矩，以提供驾驶者相应的传感信息。

线控转向工作流程如图 2-6 所示。

线控转向系统的优点有：

① 提高了整车设计的自由度，便于操控系统的布置。

② 转向效率高，响应快，控制灵敏。

③ 消除转向干涉，为实现自动控制以及汽车动态控制系统和汽车

平顺性控制系统的集成提供先决条件。

④ 可实现传动比的任意设置，从而改善汽车操纵性。

⑤ 由于取消了机械转向柱，有利于提高汽车碰撞安全性和整车主动安全性。

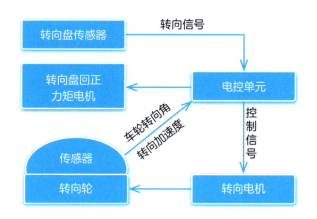

图 2-6　线控转向工作流程

2.1.4　线控换挡

线控换挡系统由换挡选择模块、换挡电控单元、换挡执行模块、停车控制 ECU、停车执行机构和挡位指示灯等组成。在该系统中，驾驶者通过操纵杆的传感器将换挡信号传递给电控单元，电控单元处理信号后将指令发给换挡电机，实现前进挡、倒挡和空挡的切换。其停车控制 ECU 会根据换挡电控单元发出的换挡指令，控制停车执行机构。

线控换挡工作流程如图 2-7 所示。

线控换挡系统的优点有：

① 线控换挡消除了传统机械部件与变速器联动的约束，从而提升了设计自由度。

② 换挡齿轮的切换由电机驱动，减少了操纵力。

③ 结构简化，换挡响应快，操控灵敏。驻车时，只需轻触驻车开关就可实现驻车换挡。

④ 提高燃油经济性，可节油 5%。

⑤ 减少维护费用。

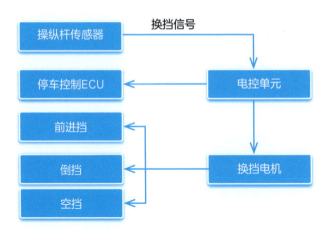

图 2-7　线控换挡工作流程

2.2　传感器概述

　　要形成自动驾驶,传感器是必不可少的东西,其就像人的感官一样,去感知周围的环境,然后将信号传输给"中央处理器"进行处理,随后做出反馈动作。

　　目前使用的多种传感器有车载摄像头、毫米波雷达、激光雷达等。

　　摄像头技术成熟且成本低,成为率先装车且用量最大的感知硬件。车载摄像头是 ADAS 系统的主要视觉传感器,也是最为成熟的车载传感器之一。然而由于摄像头与人眼一样,属于被动地接收可见光,因此在逆光或者光影复杂的情况下视觉效果较差,且易受恶劣天气影响。

　　毫米波雷达受天气环境的影响最小,全天候性能最佳。毫米波雷达与激光雷达工作原理相似。目前车载领域常用的毫米波雷达频段为 24GHz、77GHz,分别对应短、中距离雷达和长距离雷达。毫米波雷达由于波长够长,绕物能力好,受天气环境的影响最小,但同时由于波长过长,探测精度大大下降。

　　激光雷达精度最佳,满足 L3～L5 级自动驾驶需求。激光雷达以激光作为载波,波长比毫米波更短,因此探测精度高、距离远。激光雷达还能通过回收不同方向激光尺的信息,以点成线,以线成面,形成障碍物 3D "点云"图像。受限于技术难度大、成本高,目前还未实现大规模装车。未来随着产业链的日趋成熟,成本下降后,激光雷达产业或将迎来爆发。

传感器性能比较如图 2-8 所示。传感器需求量如图 2-9 所示。

分类	最远距离	工作原理	优势	劣势
摄像头	≥50米	通过摄像头采集外部信息，并根据算法进行图像识别	唯一可以读取"内容"信息的传感器	受光线干扰；算法要求高；丢失深度信息
毫米波雷达	≥250米	反射及接收毫米波，分析折返时间测算距离	具备绕物能力；受天气和环境的影响最小，全天候全天时；测距远	精度下降，不能清晰呈现目标物点云；数据稳定性差，对金属敏感
激光雷达	≥200米	反射及接收激光，分析折返时间测算距离	探测距离远精度高，响应速度灵敏，形成三维还原	在不良天气下表现不佳；价格昂贵

图 2-8 传感器性能比较

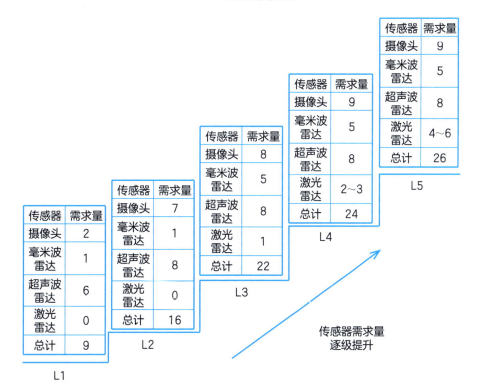

图 2-9 传感器需求量

至此来看，无论是走纯视觉路线还是融合冗余路线，未来对于传感器的需求肯定是上升的。

2.3 摄像头

2.3.1 摄像头原理、组成及工作流程

（1）工作原理

目标物体通过镜头生成光学图像投射到图像传感器上，光信号转变为电信号，再经过 A/D 转换（模数转换）后变为数字图像信号，最后送到 DSP（数字信号处理芯片）中进行加工处理，由 DSP 将信号处理成特定格式的图像传输到显示屏上进行显示。

摄像头工作原理如图 2-10 所示。

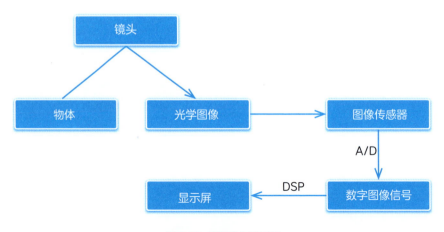

图 2-10　摄像头工作原理

（2）摄像头主要硬件组件

① 镜头组。

镜头组由光学镜片、滤光片和保护膜等组成。

② 图像传感器-CMOS 感光元件。

CMOS 图像传感器（CIS）是模拟电路和数字电路的集成，主要由四个部分构成：微透镜、彩色滤光片（CF）、光电二极管（PD）、像素设计部分。

③ DSP 芯片。

DSP 即数字信号处理，是指利用计算机或专用处理设备，以数字形式对信号进行采集、变换、滤波、估值、增强、压缩、识别等处理，以得到符合人们需要的信号形式（嵌入式微处理器）。随着计算机和信息技术的飞速发展，DSP 技术应运而生并得到迅速的发展。

数字信号处理与模拟信号处理都是信号处理的子集，均属于信号处理范畴。所谓"信号处理"，就是要把记录在某种媒体上的信号进行处理，以便抽取出有用信息的过程，它是对信号进行提取、变换、分析、综合等处理过程的统称。但数字信号处理以及模拟信号处理所处理的对象不同，因此处理的具体流程也不尽相同，但都是为了提取出有用的信息。

（3）基本工作流程

摄像头工作流程如图 2-11 所示。

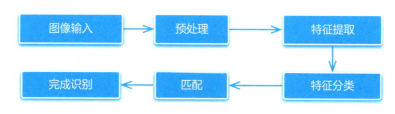

图 2-11　摄像头工作流程

输入摄像头的数据，以每帧信息为基础进行检测、分类、分割等，最后利用多帧信息进行目标跟踪，输出相关结果。

预处理包括成帧、颜色调整、白平衡、对比度均衡、图像扭正等工作。

特征提取是在预处理的基础上提取出图像中的特征点。

目标识别是基于特征数据的输出，对图像中的物体进行识别分类——人、车、交通标志等，运用到机器学习、神经网络等算法中。

2.3.2　单目摄像头

单目摄像头工作流程同样遵循图像输入、预处理、特征提取、特征分类、匹配、完成识别这几个步骤。其测距原理是先匹配识别、后估算距离：通过图像匹配识别出目标类别，随后根据图像大小估算距离。

其优势是成本较低，对计算资源的要求不高，系统结构相对简单。

其劣势/难点有：

① 需要不断更新和维护一个庞大的样本数据库，才能保证系统达

到较高的识别率。

② 无法对非标准障碍物进行判断。

③ 距离估算并非真正意义上的测量,准确度较低。

单目测距的算法包括传统机器学习算法和深度学习中的卷积神经网络(CNN)算法。

① 传统机器学习算法。

传统机器学习算法中,通过图像特征描述 SIFT、SURF、BRIEF 进行特征点提取和匹配,可用特征很多,包括角点、边缘点、暗区的亮点及亮区的暗点等。

② 深度学习算法。

CNN 主要针对图像处理,基本原理是通过多层过滤得到越来越抽象的图像特征,每个滤波器(由卷积核组成)学习并进行特征值提取,无须人工设计参数提取特征。

两种算法的本质区别在于手动提取特征与机器学习特征,因此相比较而言,传统算法提取效率更低,鲁棒性不及深度学习算法。

2.3.3 双目摄像头

双目摄像头测距原理与人眼类似,通过对图像视差进行计算,直接对前方景物进行距离测量;从视差的大小倒推出物体的距离,视差越大,距离越近。

双目测距步骤如图 2-12 所示。

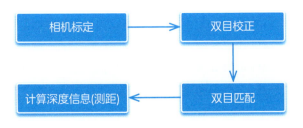

图 2-12 双目测距步骤

其优势有:

① 没有识别率的限制,因为从原理上无须先进行识别再进行测算。

② 直接利用视差计算距离,精度比单目摄像头测距高。

③ 无须维护样本数据库,因为对于双目测距没有样本的概念。

其劣势/难点有：

① 计算量非常大，对计算单元的性能要求非常高，这使得双目系统的产品化、小型化的难度较大。

② 双目视觉系统通过估计视差来测距，而视差是通过立体匹配算法得来的，立体匹配是计算机视觉典型的难题。

③ 双目在线标定比单目要更复杂些，因为双目匹配需尽量简化成一维搜索，所以需要通过双目匹配将两个镜头光轴方向平行并和基线垂直。

（1）相机标定

光学透镜的特性使得摄像头成像存在着径向畸变。由于装配方面存在误差，传感器与光学镜头之间并非完全平行，因此成像存在切向畸变。双目摄像头的定标不仅要得出每个摄像头的内部参数，还需要通过标定来测量两个摄像头之间的相对位置，即右摄像头相对于左摄像头的旋转矩阵 R、平移向量 t。

（2）双目校正

双目校正是根据摄像头定标后获得的单目内参数据（焦距、成像原点、畸变系数）和双目相对位置关系（旋转矩阵和平移向量），分别对左右视图进行消除畸变和行对准，使得左右视图的成像原点坐标一致、两摄像头光轴平行、左右成像平面共面、对极线行对齐。

（3）双目匹配

双目匹配的作用是把同一场景在左右视图上对应的像点匹配起来，这样做的目的是得到视差图。双目匹配被普遍认为是立体视觉中最困难也是最关键的问题。

2.4 雷达传感器

2.4.1 毫米波雷达

毫米波雷达的工作原理是通过发射器发送毫米波，接收机进行接收，根据时间差进行测距，基于返回波频率的变化来进行测速（多普勒效应：波频率的变化和相对速度正相关），然后通过返回波的相位差来估计物体的相对姿态。之所以叫作"毫米波"，是因为探头的波长为 1~10mm。

毫米波雷达的优势有：

① 造价成本低。

② 探测距离长，最远能够探测到 250m 左右。

③ 雨雾穿透能力强，对天气的适应性比较强。

其缺点有：

① 与激光雷达相比，精度较差。

② 无法估计物体的高度信息，这在智能驾驶场景下是比较致命的。原因是超声波雷达天线阵列是水平布置的，可以通过横向波的相位差对物体姿态进行估计，但是物体高度需要垂直方向天线接收，毫米波雷达是做不到的。

③ 无法感知静止的物体。

最近一则新闻：一辆电动汽车在高速路上径直撞向侧翻的白色卡车，原因之一也是无法感知静止的物体。其实并不是毫米波雷达感知不到这些静止物体，而是对这些静止物体（相对开普勒速度为0）进行了忽略。

当前的汽车自动化驾驶级别是 L2，那么这个驾驶的主体责任还是在人身上而不是车，所以辅助驾驶其实更应该关注人的舒适性，避免因为很多静止物体或者对向物体（隧道场景，其他车道对向来车）导致频繁误检而制动。其实就是"宁愿漏检也不要误报"。

因此，具备辅助驾驶功能的汽车上，一般都会安装多个毫米波雷达，与视觉相机进行配合，提高辅助驾驶能力。

2.4.2 激光雷达

激光雷达的工作原理和毫米波雷达类似，区别就是其发射的是激光束。激光雷达除了造价高几乎没有缺点，但是上万美元的造价足以令很多车厂望而却步。激光雷达主要分为机械旋转式激光雷达、固态激光雷达两种。前者有机械结构可以使激光束 360°无死角扫描，精度高，但是成本也高，难以实现车规量产，目前主要用在无人车上面；后者没有控制旋转的机械结构，但是可以通过电子部件来控制激光的发射角度，所以成本相对低，体积更小，稳定性也比较差，而且目前也没有实现量产。

但是车厂对于激光雷达的需求是真实存在的，于是一种折中方案出现了：混合固态激光雷达。混合固态激光雷达成本比较低，对于高速场景或者 L2 级驾驶来说，可能毫米波相关感知算法已经足够了，但是对于高等级辅助驾驶来说，尤其是国内复杂的交通场景，激光雷达还是很有必要的。

2.4.3 超声波雷达

超声波雷达的工作原理是通过发射器发送超声波，然后由接收机接收，通过时间差来进行测距。优势很明显，成本相当低。劣势也很明显，因为超声波的散射角比较大，波长比较长，对应的频率就会比较低，所以探测距离比较近，一般在 3m 左右；第二个劣势是在雨雾天气、炎热天气、高速场景下表现不是很好。所以超声波被广泛用作倒车以及泊车雷达。

2.5 GPS/IMU

自动驾驶的车辆中，一般都会有组合导航。一个最基本的组合导航包括了两个部分：GPS（全球定位系统）和 IMU（惯性测量单元）。

GPS 依靠卫星定位，所以无人车外观上像小蘑菇一样的天线，就是给 GPS 用的，如图 2-13 所示。

IMU 为一个小盒子的样子，如图 2-14 所示。

虽说 GPS 和 IMU 分开来都能用，但在自动驾驶中，我们还是会将这两者绑在一块，做成一个组合导航的东西，作为一个传感器使用。

这是因为这两者各有所长，GPS 是个测量度比较精确的元件，但是更新频率低，在 10Hz 左右，即 1 秒更新约 10 次，这对于无人驾驶来说反应太慢。而 IMU 频率很高，1kHz，但是 IMU 是有误差的，而且这种误差会随着时间累积，所以我们只能在一个很短的时间区间里依赖 IMU。

GPS 更新慢，所以在很短的一段时间内我们依靠 IMU 的车辆是有数据的；而 IMU 有时间累积误差，所以可以依靠 GPS 的读数把 IMU 的误差给"拉"回来。

GPS 的数据是有国际通用格式的，在使用时查准了格式就好，如 GPRMC 格式。

图 2-13　GPS 卫星定位

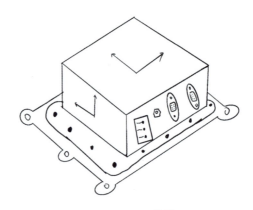

图 2-14　IMU 简图

　　IMU 分六轴和九轴，其中比较常见的是六轴，主要由三个轴加速度传感器以及三个轴的陀螺仪组成，所以可以提供三个轴的加速度和角速度。

　　GPS 本身已经可以提供给我们车辆当前的位置（经纬度）和航向角（车头与正北方向的夹角）的数据，而 IMU 的六轴更是提供给了我们车身姿态方面的信息。这些都是可以按需选用的测量量。

　　而更重要的是，GPS 和 IMU 作为组合导航的定位部分，在自动驾驶中是不可或缺的。

2.6 传感器标定

标定传感器是自动驾驶感知系统中的必要环节，是后续传感器融合的必要步骤和先决条件，其目的是将两个或者多个传感器变换到统一的时空坐标系，使得传感器融合具有意义，是感知决策的关键前提。任何传感器在制造、安装之后都需要通过实验进行标定，以保证传感器符合设计指标，保证测量值的准确性。

传感器在安装到自动驾驶汽车上之后，需要对其进行标定；同时，在车辆行驶过程中，由于振动等原因，会导致传感器位置与原位置产生偏离，因此有必要每隔一定的时间对传感器进行校准。自动驾驶汽车通过多种类型的传感器同时工作以进行环境感知与自感知，传感器的健壮性和准确性在自动驾驶汽车感知环节中尤为重要。

2.6.1 摄像头标定

车载摄像头以一定的角度和位置安装在车辆上，为了将车载摄像头采集到的环境数据与车辆行驶环境中的真实物体相对应，即找到车载摄像头所生成的图像像素坐标系中的点坐标与摄像头环境坐标系中的点坐标之间的转换关系，需要进行摄像头标定。

（1）摄像头内参的标定

① 摄像头模型的建立。

通过环境坐标系、摄像头坐标系、图像物理坐标系、图像像素坐标系的相互转换关系（图 2-15），可以求出环境坐标系与图像像素坐标系之间的转换关系。

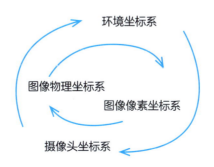

图 2-15　环境与坐标转换示意图

对内参矩阵，其四个常量与摄像头的焦距、主点以及传感器等设计技术指标有关，而与外部因素（如周边环境、摄像头位置）无关，因此称为摄像头的内参。内参在摄像头出厂时就是确定的。然而由于制作工艺等问题，即使是同一生产线生产的摄像头，内参都有着些许差别，因此往往需要通过实验的方式来确定摄像头的内参。对单目摄像头的标定，通常就是指通过实验手段确定摄像头的内参。

外参矩阵包括旋转矩阵和平移矩阵，旋转矩阵和平移矩阵共同描述了如何把点从世界坐标系转换到摄像头坐标系。在计算机视觉中，确定外参矩阵的过程通常称为视觉定位。自动驾驶汽车在车载摄像头安装之后，需要标定其在车辆坐标系下的摄像头位置。此外，由于汽车行驶过程中的颠簸和振动，车载摄像头的位置会随着时间进行缓慢的变化。因此，自动驾驶汽车需要定期对摄像头位置进行重新标定，这一过程称为校准。

② 摄像头畸变矫正。

在实际使用中，摄像头并不能完全精确地按照理想的针孔摄像头模型进行透视投影，通常会存在透镜畸变，即物点在实际的摄像头成像平面上生成的像与理想成像之间存在一定光学畸变误差，其畸变误差主要是径向畸变误差和切向畸变误差。

径向畸变（图2-16）：由于透镜的特性，光线容易在相机镜头的边缘出现较小或者较大幅度的弯曲现象。这种畸变在普通廉价的镜头中表现更加明显。径向畸变主要包括桶形畸变和枕形畸变两种。桶形畸变是由镜头中透镜物以及镜片组结构引起的成像画面呈桶形膨胀状的失真现象，通常在使用广角镜头或使用变焦镜头的广角端时，较容易察觉桶形失真现象。枕形畸变是由镜头引起的画面向中间"收缩"的现象，人们在使用长焦镜头、变焦镜头的长焦端时，较容易察觉枕形失真现象。

切向畸变：是由于透镜本身与相机传感器平面（成像平面）或图像平面不平行而产生的，这种情况多是由透镜被粘贴到镜头模组上的偏差导致。

在计算机视觉中，径向畸变对场景重建有着非常重要的影响。自动驾驶系统对环境的感知，要求摄像头能够实现对周边环境的高精确度重建，如果不对畸变加以矫正，就无法得到精确的环境信息。例如，环境中的目标可能出现在图像的任何区域，如果不对畸变加以矫正，那么通过视觉技术得到的目标位置和大小往往是不准确的，这会直接影响自动驾驶汽车的行驶安全。此外，自动驾驶汽车安装有多个摄像头，且在不同位置，若不考虑径向畸变，在图像拼接过程中，就会因对应特征的误匹配而导致拼接图像的模糊效应。

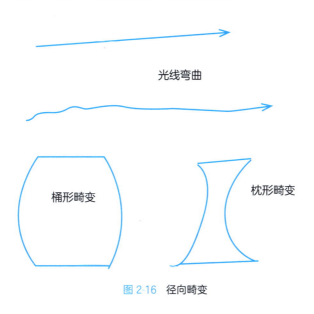

图 2-16　径向畸变

③ 摄像头内参标定方法。

在现阶段，畸变参数的标定一般与其余内参标定同时进行。目前，应用最广泛的是张正友于 2000 年提出的张正友标定法。张正友标定法通过在不同位置拍摄棋盘标定板的方式，在每个图像中找到棋盘标定板的角点，通过角点之间的对应关系建立对矩阵的约束，从而恢复内参矩阵 K。对称矩阵 B 用 K 表示为

$$B = K^{T}K^{-1}$$

（2）摄像头外参的标定

自动驾驶汽车中，为了尽可能减少感知盲区，往往采用多摄像头的模式。确定多摄像头之间的相对位置关系，这个过程称为摄像头的外参标定。

从另一个角度来说，摄像头的外参标定也可以称为"姿态估计"问题。两个摄像头之间相对位姿有 6 个自由度（空间位置与旋转关系），从理论上来讲，只要两个摄像头同时获取空间中 3 个点即可恢复二者之间的相对姿态。从 3 对对应点恢复摄像头之间的相对姿态的问

题，称为"透视三点问题"。在现实中，常常使用 3 个以上的点来恢复相对姿态，以提高鲁棒性，即透视三点问题被推广为透视 n 点问题。

最初研究者使用直接线性法解决透视 n 点问题，之后为了提升精度，研究者们提出了鲁棒线性化的重投影误差，开始采用迭代的方法来求解透视 n 点问题，并由此提出了姿态估计中著名的光束平差法。

2.6.2 激光雷达标定

激光雷达是自动驾驶平台的主要传感器之一，在感知、定位方面发挥着重要作用。同摄像头一样，激光雷达在使用之前也需要对其内外参数进行标定。内参标定指的是其内部激光发射器坐标系与雷达自身坐标系的转换关系，在出厂之前已经标定完成，可以直接使用。自动驾驶系统需要进行的是外参的标定，即激光雷达自身坐标系与车体坐标系的关系。

激光雷达与车体为刚性连接，两者间的相对姿态和位移固定不变。为了建立激光雷达之间以及激光雷达与车辆之间的相对坐标关系，需要对激光雷达的安装进行标定，并使激光雷达数据从激光雷达坐标系转换至车体坐标系上。

另外，在自动驾驶汽车上，通常需要将激光雷达与惯性测量单元（IMU）坐标系进行标定，建立激光雷达与车体坐标系之间的关系。

（1）激光雷达和激光雷达之间的标定

对自动驾驶汽车来说，有时会存在多个激光雷达的情况，每一个激光雷达获取的外部环境数据点都必须准确地映射到车体坐标系下。因此，当存在多个激光雷达时，需要对多个激光雷达的相对位置进行标定和校准。

激光雷达之间的外参标定有多种思路，其中较为常用的是通过不同激光雷达与车体之间的坐标转换关系来间接推导出激光雷达之间的坐标转换关系。

（2）激光雷达与摄像头的标定

在自动驾驶汽车上，激光雷达与车体为刚性连接，两者间的相对姿态和位移固定不变，因此，激光雷达扫描获得的数据点，在环境坐标系中有唯一的位置坐标与之对应。同样，摄像头在环境坐标系中也有唯一的位置坐标。因此，激光雷达与摄像头之间存在着固定的坐标转换。激光雷达与摄像头的联合标定，就是通过提取标定物在单线激光雷达和图像上的对应特征点，完成单线激光雷达坐标、摄像头坐标、图像像素坐标等多个传感器坐标的统一,实现激光雷达与摄像头的空间校准。

当完成摄像头外参标定、激光雷达外参标定之后,二者之间的关系其实就可以完全确定,激光雷达扫描点可投影到图像像素坐标系。

同相机的内参标定方法一样,激光雷达与摄像头的外参标定也可以使用标定板的标定方法。

2.7 车速传感器

车速传感器是用来检测电控汽车车速的装置,控制电脑可用这个输入信号来控制发动机怠速、自动变速器的变矩器锁止、自动变速器换挡及发动机冷却风扇的开闭和巡航定速等其他功能。车速传感器工作示意图如图 2-17 所示。

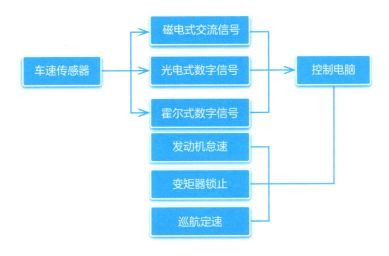

图 2-17 车速传感器工作示意图

车速传感器的输出信号可以是磁电式交流信号,也可以是霍尔式数字信号或者是光电式数字信号。车速传感器通常安装在驱动桥壳或变速器壳内,车速传感器信号线通常装在屏蔽的外套内,这是为了消除由高压电火线及车载电话或其他电子设备产生的电磁及射频干扰,用于保证电子通信不产生中断,防止造成驾驶性能变差或其他问题。

在汽车上，磁电式及光电式传感器是应用最多的两种车速传感器，在欧洲、北美和亚洲的各种汽车上广泛采用磁电式传感器来进行车速（VSS）、曲轴转角（CKP）和凸轮轴转角（CMP）的控制，同时还可以用它来感受其他转动部位（如压缩机、离合器等）的速度和位置信号等。

2.8 红外传感器

红外传感器是利用红外线来进行数据处理的一种传感器，可以控制驱动装置的运行。

红外传感器利用红外线的物理性质来进行测量。红外线又称红外光，具有反射、折射、散射、干涉、吸收等性质。任何物质，只要它本身具有一定的温度（高于绝对零度），都能辐射红外线。红外传感器测量时不与被测物体直接接触，因而不存在摩擦，并且有灵敏度高、反应快等优点。

红外传感器包括光学系统、检测元件和转换电路。光学系统按结构不同可分为透射式和反射式两类。检测元件按工作原理可分为热敏检测元件和光电检测元件。热敏检测元件应用最多的是热敏电阻，热敏电阻受到红外线辐射时温度升高，电阻发生变化（这种变化可能是变大也可能是变小，因为热敏电阻可分为正温度系数热敏电阻和负温度系数热敏电阻），通过转换电路变成电信号输出。光电检测元件常用的是光敏元件，通常由硫化铅、硒化铅、砷化铟、砷化锑、碲镉汞三元合金、锗及硅掺杂等材料制成。

汽车红外传感器的作用是：

① 作为辐射计，用于辐射和光谱测量。

② 作为搜索和跟踪系统，用于搜索和跟踪红外目标，确定其空间位置并对其运动进行跟踪。

③ 作为热成像系统，可产生整个目标红外辐射的分布图像。

④ 作为混合系统使用。混合系统指以上各类系统中的两个或者多个系统的组合。

红外传感技术已经在现代科技、国防和工农业等领域获得了广泛的应用，并且红外线技术能够实现车辆测速、探测等研究。

据悉，与激光雷达、摄像头、毫米波雷达这几种传感器相比，红外热成像传感技术捕捉到的图像分辨率要更高（图 2-18）。由于行人、动物等都会散发热量，所以热成像传感技术可以轻易分辨出它们，且不受昼夜、强光、阴影、雾霾等复杂环境条件的影响。

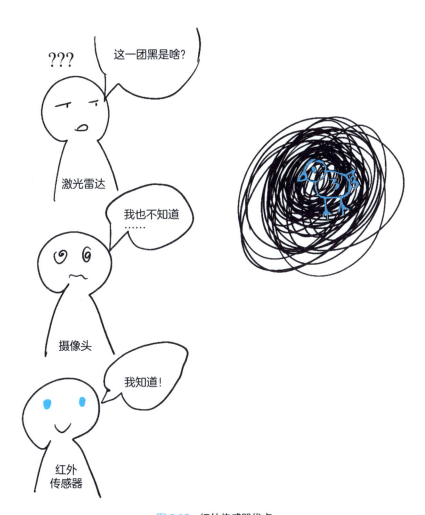

图 2-18　红外传感器优点

红外热成像传感器主要用于探测物体散发的热量，因此该技术在探测道路上不同深度的障碍物时更加有效。

红外热成像传感器可以与安全带和汽车座椅上的二次光纤传感器配对，以检查司机或乘客的状态。例如，可以检测司机面部的温度，以判断他们是否昏昏欲睡。此外，红外热成像传感器还可以用来控制车内的空调。

由于各目标物的辐射率存在差异，远红外成像传感器可感知到其路径内的所有目标物。凭借该信息，该款摄像头可创建道路的可视化绘图，确保车辆的安全行驶。

远红外传感器的特点与优势有：

① 远红外传感器只能扫描可见光以上的红外光谱，用于探查目标物。该传感器只采集信号，使其成为一项"被动"技术。该设备不含移动件，且仅能感知目标物的辐射热信号。

② 远红外传感器可在各种复杂天气及光照条件下克服技术障碍，也只有该款传感器能生成新的信息层，其信息源自各个电磁谱的波段，大幅提升了目标物、车辆周边环境的分类、识别、探察能力，不论远程还是近程，其性能表现都很出色。

红外传感器在智能驾驶方面的优势有：

① 全天候，白天晚上显示效果都一样，可以提供更远的视觉距离。

② 无视炫光。

③ 红外对雾霾、扬尘的穿透有一个很好的作用距离。例如，雾霾天的能见度是比较低的，但在红外的图像上却可以很清楚显示。

因此，红外传感器能提供对长距离的行人、动物的检测，能够在视线不好的时候，尽早发现行人和动物。

第 3 章

智能汽车算法子系统

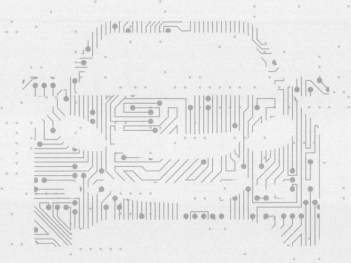

3.1 感知

在传感部分获得了很多有效的数据后,数据将被推送到感知子系统,使得汽车可以充分了解其所处位置周围的环境。所以,感知子系统主要做的事情可以分为下述几部分。

3.1.1 定位

在无人驾驶汽车(下述简称无人车)感知层面,定位的重要性不言而喻,无人车需要知道自己相对于环境的一个确切位置,这里的定位是指不能存在超过 10cm 的误差。试想一下,如果我们的无人车定位误差在 30cm,那么这将是一辆非常危险的无人车(无论是对行人还是对乘客而言),因为无人驾驶的规划和执行层并不知道它存在 30cm 的误差,它们仍然按照定位精准的前提来做出决策和控制,那么对某些情况做出的决策就是错的,从而造成事故。由此可见,无人车需要高精度的定位,如图 3-1 所示。

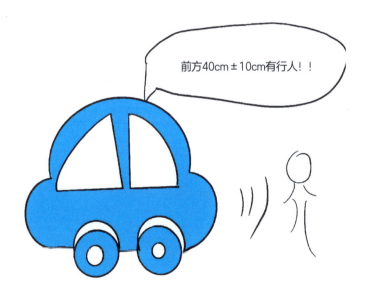

图 3-1　精准定位

目前使用最广泛的无人车定位方法当属融合全球定位系统（Global Positioning System，GPS）和惯性导航系统（Inertial Navigation System）的定位方法。其中，GPS 的定位精度在数十米到厘米级别之间，高精度的 GPS 传感器价格也就相对昂贵。融合 GPS/IMU 的定位方法在 GPS 信号缺失或微弱的情况下无法做到高精度定位，如地下停车场，因此只能适用于部分场景的无人驾驶任务。

地图辅助类定位算法是另一类使用广泛的无人车定位算法，同步定位与地图构建（Simultaneous Localization And Mapping，SLAM）是这类算法的代表。SLAM 的目标即构建地图的同时使用该地图进行定位，SLAM 通过利用已经观测到的环境特征确定当前车辆的位置以及当前观测特征的位置，这是一个利用以往的先验和当前的观测来估计当前位置的过程。在实践中，我们通常使用贝叶斯滤波器（Bayesian Filter）来完成，具体来说，包括卡尔曼滤波（Kalman Filter）、扩展卡尔曼滤波（Extended Kalman Filter）以及粒子滤波（Particle Filter）。

SLAM 虽然是机器人定位领域的研究热点，但是在实际无人车开发过程中使用 SLAM 定位却存在问题，不同于机器人，无人车的运动是长距离的、大开放环境的。在长距离的运动中，随着距离的增大，SLAM 定位的偏差也会逐渐增大，从而造成定位失败。在实践中，一种有效的无人车定位方法是改变原来 SLAM 中的扫描匹配类算法，具体来说，我们不再在定位的同时制图，而是事先使用传感器（如激光雷达）对区域构建点云地图，通过程序和人工的处理将一部分"语义"添加到地图中（如车道线的具体标注、路网、红绿灯的位置、当前路段的交通规则等），这个包含了语义的地图就是无人驾驶汽车的高精度地图（HD Map）。在实际定位的时候，使用当前激光雷达的扫描和事先构建的高精度地图进行点云匹配，确定无人车在地图中的具体位置，这类方法被统称为扫描匹配方法（Scan Matching）。扫描匹配方法最常见的是迭代最近点法（Iterative Closest Point，ICP），该方法基于当前扫描和目标扫描的距离度量来完成点云配准。除此以外，正态分布变换（Normal Distributions Transform，NDT）也是进行点云配准的常用方法，它基于点云特征直方图来实现配准。基于点云配准的定位方法也能实现 10cm 以内的定位精度。虽然点云配准能够给出无人车相对于地图的全局定位，但是这类方法过于依赖事先构建的高精度地图，并且在开放的路段下仍然需要配合 GPS 定位使用，在场景相对单一的路段（如高速公路），使用GPS加点云匹配的方法相对来说成本过高。

　　GPS以较低的更新频率提供相对准确的位置信息；IMU则以较高的更新频率提供准确性偏低的位置信息。我们可使用卡尔曼滤波来整合两类数据各自的优势，合并提供准确且实时的位置信息更新。IMU每5ms更新一次，期间误差不断累积、精度不断降低；GPS数据每100ms可以得到一次更新，来帮助校正IMU积累的误差。因此，最终可以获得实时并准确的位置信息。然而，我们不能仅仅依靠这样的数据组合来完成定位工作。原因如下：

① 这样的定位精度仅在1m之内；

② GPS信号有着天然的多路径问题，将引入噪声干扰；

③ GPS必须在非封闭的环境下工作，在诸如隧道等场景中不适用。

　　因此，作为补充方案，摄像头也被用于定位。通过对立体图像的三角剖分，首先将获得的视差图用于计算每个点的深度信息；再匹配连续立体图像，可通过不同图像帧之间的特征建立相关性，并由此估计这两帧之间的运动情况；最后通过比较捕捉到的显著特征和已知地图上的点来计算车辆的当前位置。然而，基于视觉的定位方法对照明条件非常敏感，因此其使用受限且可靠性有限。

　　借助于大量粒子滤波的激光雷达通常作为车辆定位的主传感器。由激光雷达产生的点云对环境进行了"形状化描述"，但并不足以区分各自不同的点。通过粒子滤波，系统可将已知地图与观测到的具体形状进行比较以减小位置的不确定性。

　　为了在地图中定位运动的车辆，使用粒子滤波的方法来关联已知地图和激光雷达测量过程。粒子滤波可以在10cm的精度内达到实时定位的效果，在城市的复杂环境中尤为有效。然而，激光雷达也有其固有的缺点：如果空气中有悬浮的颗粒，如雨滴或者灰尘，测量结果将受到极大的扰动。因此，为了完成可靠并精准的定位，需要传感器融合，如图3-2所示。

3.1.2　物体识别

　　激光雷达可提供精准的深度信息，因此常被用于在无人驾驶中执行物体识别和追踪的任务。近年来，深度学习技术得到了快速的发展，通过深度学习可达到较显著的物体识别和追踪精度效果。通常采用卷积神经网络（CNN）来进行物体识别。

但是依靠深度学习建立的模型也会有一些弊端，如无法识别一些极端情况下的特殊物体，往往是一般情况下不会出现在路上或者路边的物体，在建模的时候没有提供足够多的样本，因此很难识别，如图 3-3 所示。

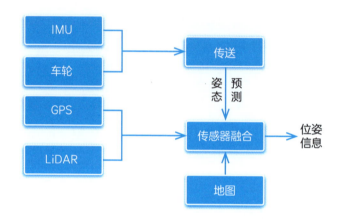

图 3-2　传感器融合

图 3-3　不常见物体难以识别

3.1.3 物体追踪

物体追踪可以被用来追踪邻近行驶的车辆或者路上的行人,以保证无人车在驾驶的过程中不会与其他移动的物体发生碰撞,如图 3-4 所示。近年来,相比传统的计算机视觉技术,深度学习技术已经展露出极大的优势,通过使用辅助的自然图像,离线训练好的模型可直接应用在在线的物体追踪中。

图 3-4 物体追踪应用

3.2 决策

在得到了传感器的数据,并且通过感知层判断了汽车的位置和所处的环境后,接下来就需要作出决策,即车应该怎么开。对决策层细化,其可分为以下几个部分。

3.2.1 行为预测

行为预测在人开车的时候往往是体现在经验层面上,驾驶员会通过周围的所有信息判断周围的行人和车辆怎么走、红绿灯是否要变,以及路况是否适合加速等，驾驶员对于周围环境下一秒的预测决定了汽车到底该怎么开，如图 3-5、图 3-6 所示。在无人驾驶系统中，这个过程由电脑来完成，电脑基于传感器感知到的数据，通过特定的模型来预测下一秒的环境状况，因为行为预测直接决定了下一秒汽车所执行的动作，因此行为预测技术在无人驾驶中至关重要。

图 3-5　行为预测示例一

3.2.2　路径规划

为无人驾驶在动态环境中进行路径规划是一件非常复杂的事情，尤其车辆是在全速行驶的过程中，不当的路径规划有可能造成致命的伤害。路径规划中采取的一个方法是使用完全确定模型，它搜索所有可能的路径并利用代价函数的方式确定最佳路径，如图 3-7 所示。完全确定模型对计算性能有着非常高的要求，因此很难在导航过程中达到实时的效果。为了避免计算复杂性且提供实时的路径规划，使用概率性模型成为了主要的优化方向。

图 3-6　行为预测示例二

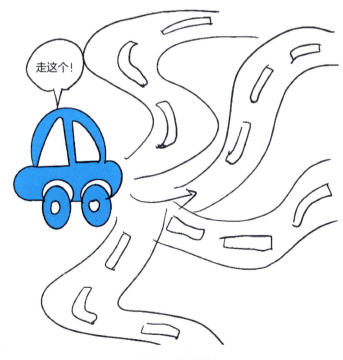

图 3-7　路径规划

3.2.3 避障机制

安全性是无人驾驶中最为重要的考量因素，车辆设计中将使用至少两层级的避障机制来保证车辆不会在行驶过程中与障碍物发生碰撞。第一层级是基于交通情况预测的前瞻层级。交通情况预测机制根据现有的交通状况，如拥堵、车速等，估计出碰撞发生时间与最短预测距离等参数。基于这些估计，避障机制将被启动以执行本地路径重规划。如果前瞻层级预测失效，第二级实时反应层将使用雷达数据再次进行本地路径重规划。一旦雷达侦测到路径前方出现障碍物，则立即执行避障操作，如图 3-8 所示。

图 3-8　避障机制示意图

3.3 控制

3.3.1 LQR 算法

LQR（Linear Quadratic Regulator）即线性二次型调节器，是常用控制算法的一种。本节整理出 Apollo 中该算法的推导过程。

考虑有如下离散线性系统：

$$x_{t+1} = Ax_t + Bu_t, \quad x_0 = x^{\text{init}} \tag{3-1}$$

LQR 的目标就是找到一组控制量 u_0，u_1，…，使 x_0，x_1，… 足够小，即系统达到稳定状态；u_0，u_1，… 足够小，即花费较小的控制代价。

为了达到上述效果，定义代价函数：

$$J = \sum_{\tau=0}^{N-1}(x_\tau^T Q x_\tau + u_\tau^T R u_\tau) + x_N^T Q_f + x_N^T Q_f x_N \tag{3-2}$$

式中，x 为状态量；u 为控制量；Q 为状态权重矩阵；R 为控制权重矩阵；Q_f 为最终状态权重矩阵；N 为到达最终状态的控制序列数。

根据代价函数，再定义 $V_{t\text{ToN}}(z)$ 表示为从 t 时刻的状态 z 开始，通过最优控制序列，获得结束后的最小代价。

$$V_{t\text{ToN}}(z) = \min_{u_t, \cdots, u_{N-1}} \sum_{\tau=t}^{N-1}(x_\tau^T Q x_\tau + u_\tau^T R u_\tau) + x_N^T Q_f + x_N^T Q_f x_N \tag{3-3}$$

根据式（3-3）可得，当 $t = N$ 时，有：

$$V_{N\text{ToN}}(z) = z^T Q_f z \tag{3-4}$$

即 $V_{N\text{ToN}}$ 只和最终状态有关，如果 t 时刻获取最优控制，上一时刻 $t-1$ 也应该是最优控制，这样可以通过 $V_{N\text{ToN}}$ 倒推上一状态的控制来获取控制序列。顺着这个思路，相邻两时刻有：

$$V_{t\text{ToN}}(z) = \min_{\omega}(Z^T Q Z + \omega^T R \omega + V_{(t+1)\text{ToN}}(Az + B\omega)) \tag{3-5}$$

式中，$Z^T Q_Z + \omega^T R \omega$ 是基于当前时刻状态做出控制 ω 的代价，$V_{(t+1)\text{ToN}}(Az + B\omega)$ 是下一时刻到最终时刻的代价。全此，求解最优控制序列转化为了动态规划问题。

因为当前状态 z 与优化命题无关，式（3-5）可以改写为：

$$V_{t\text{ToN}}(z) = Z^T Q_Z + \min_{\omega}(\omega^T R \omega + V_{(t+1)\text{ToN}}(Az + B\omega)) \tag{3-6}$$

根据式（3-4）形式，假设 t 时刻的代价有如下表达形式：

$$V_{t\text{ToN}}(z) = Z^{\mathrm{T}} P_t z \tag{3-7}$$

把 $V_{(t+1)\text{ToN}}$ 改写为与 t 时刻同样的形式，代入式（3-6）后，有：

$$V_{t\text{ToN}}(z) = Z^{\mathrm{T}} Q_Z + \min_{\omega}((\omega^{\mathrm{T}} R \omega + (Az + B\omega)^{\mathrm{T}}) P_{t+1} B(Az + B\omega)) = 0$$

$$\tag{3-8}$$

这样对于无约束凸优化问题，只需令其导数等于 0 即可求得最优解。对式（3-8）中最小控制量的矩阵求导得：

$$(2\omega^{\mathrm{T}} R + 2(Az + B\omega)^{\mathrm{T}}) P_{t+1} B = 0 \tag{3-9}$$

由式（3-9）求最优控制 ω^* 有：

$$\omega^* = -(R + B^{\mathrm{T}} P_{t+1} B)^{-1} B^{\mathrm{T}} P_{t+1} A z \tag{3-10}$$

可以看到，该时刻最优控制量 P 及状态 z 有关，因为无法获得该时刻的最优控制量 P，所以还需要进行如下步骤。

将该控制量代入式（3-8），有：

$$\begin{aligned} V_{t\text{ToN}}(z) &= Z^{\mathrm{T}} Q_Z + \omega^{*\mathrm{T}} R \omega^* + (Az + B\omega^*)^{\mathrm{T}} P_{t+1}(Az + B\omega^*) \\ &= Z^{\mathrm{T}}(Q + A^{\mathrm{T}} P_{t+1} A - A^{\mathrm{T}} P_{t+1} B(R + B^{\mathrm{T}} P_B)^{-1} B^{\mathrm{T}} P_{t+1} A) z \\ &= z^{\mathrm{T}} P_t z \end{aligned} \tag{3-11}$$

式（3-11）中 P_t 为：

$$P_t = Q + A^{\mathrm{T}} P_{t+1} A - A^{\mathrm{T}} P_{t+1} B(R + B^{\mathrm{T}} P_B)^{-1} B^{\mathrm{T}} P_{t+1} A \tag{3-12}$$

当 $t = N$ 时，有 $P_N = Q_f$，而

$$Q_f = Q_f^{\mathrm{T}} \geqslant 0 \tag{3-13}$$

再由式（3-12）中 P 的推导表达式可以得到，任意时刻 t 有表达式

$$P_f = P_f^{\mathrm{T}} \geqslant 0 \tag{3-14}$$

至此，构造出满足凸优化条件的求解方程。

同时，当 t 相对于时域 N 很小时，P 趋于稳定不变，有：

$$P_{ss} = Q + A^{\mathrm{T}} P_{ss} A - A^{\mathrm{T}} P_{ss} B(R + B^{\mathrm{T}} P_{ss})^{-1} B^{\mathrm{T}} P_{ss} A \tag{3-15}$$

式（3-15）被称为代数黎卡提方程，结合式（3-10），有：

$$u_t = K_{ss} x_t \tag{3-16}$$

即在认为还需经过多步控制才能到达稳态下，可以给出式（3-16）控制量，其中 x_t 为当前状态。

$$K_{ss} = -(R + B^{\mathrm{T}} P_{ss} B)^{-1} B^{\mathrm{T}} P_{ss} A \tag{3-17}$$

原控制系统框图如图 3-9 所示。其中，K 即为通过迭代求解黎卡提方程得到的等效闭环反馈矩阵。

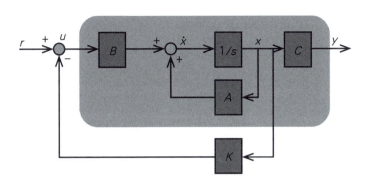

图 3-9　原控制系统框图

至此，LQR 算法求解过程可以总结为：
① 令 P 等于最终状态权重矩阵；
② 迭代黎卡提方程求出新的 P；
③ 当两次 P 的差值足够小时，计算反馈矩阵 K；
④ 根据反馈矩阵 K 获取最优控制量 u。

3.3.2　PID 算法

PID 控制，即 Proportional（P）- Integral（I）- Derivative（D）Control，实际上是三种反馈控制的统称：比例控制、积分控制与微分控制。根据被控对象和应用条件，可以采用这三种控制的部分组合，即 P 控制、PI 控制、PD 控制或者是三者的组合（即真正意义上的 PID 控制）。我们可以笼统地称呼其为 PID 控制律。采取这种控制规律的控制器称为 PID 控制器。PID 控制系统原理如图 3-10 所示。

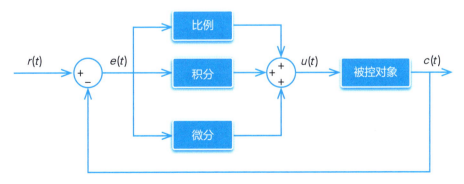

图 3-10　PID 控制系统原理图

虽然 PID 控制原理看似简单，但是具体的调参工作并不简单，PID 控制器的参数整定是控制系统设计的核心内容。所谓参数整定，是指根据被控过程的特性确定 PID 控制器的比例系数、积分时间和微分时间的大小，从而改善系统的动态、静态特性，以求取较佳的控制效果的过程。PID 控制器参数整定的方法概括起来有两大类：

一是理论计算整定方法。它主要是依据系统的数学模型，经过理论计算确定控制器参数。这种方法所得到的计算数据未必可以直接用，还必须通过工程实际进行调整和修改。

二是工程整定方法。它主要依赖工程经验，直接在控制系统的试验中进行，且方法简单、易于掌握，在工程实际中被广泛采用。

PID 一般算式及模拟控制规律如下：

$$u(t) = K_p e(t) + K_i \int_o^t e(\tau) d\tau + K_d \frac{de(t)}{dt} \qquad (3-18)$$

式中，$u(t)$ 为控制器的输出；$e(t)$ 为偏差，即设定值与反馈值之差；K_p 为控制器的放大系数，即比例增益；K_i 为控制器的积分量的加权；K_d 为控制器的微分量的加权。

PID 算法的原理即调节三个参数使系统达到稳定。三个参数都有明显的物理意义：比例控制器直接响应于当前的误差信号，一旦发生误差信号，则控制器立即发生作用，以减小偏差。一般情况下，K_p 值大则偏差将变小，且减小对控制中的负载扰动的敏感度，但也对测量噪声更敏感。考虑根轨迹，无限制地增大可能使得闭环系统不稳定。积分控制器对以往的误差信号发生作用，引入积分控制能消除控制中的静态误差，但 K_i 值增大可能增加系统的超调量，导致系统振荡，而减小则会使系统响应趋于稳态值的速度减慢。微分控制器对误差的导数，亦即误差的变化率发生作用，有一定的预报功能，能在误差有大的变化趋势时施加合适的控制，K_d 的值增大能加快系统的响应速度，缩短调节时间，但 K_d 值过大，会因系统噪声或被控对象的时间延迟而出现问题。

在工业实际应用中，由于使用计算机进行的控制是一种采样控制，它只能根据采样时刻的偏差值计算控制量。因此，在计算机控制系统中，必须首先对公式进行离散化处理，用数字形式的差分方程代替连续系统的微分方程。

如果采样周期 T 的值很小，在采样时刻误差信号的积分项和微分项可用求和及增量式近似表示：

$$\frac{\mathrm{d}e(t)}{\mathrm{d}t} = \frac{e(kT) - e[(k-1)T]}{T} \tag{3-19}$$

$$\int_0^{kT} e(t)\mathrm{d}t \approx T\sum_{i=0}^{k} e(iT) = \int_0^{(k-1)} e(t)\mathrm{d}t + Te(kT) \tag{3-20}$$

将式（3-19）和式（3-20）代入式（3-18），则可得到离散的 PID 表达式：

$$u(kT) = K_\mathrm{p} e(kT) + K_\mathrm{i} T \sum_{m=0}^{k} e(mT) + \frac{K_\mathrm{d}}{T}\{e(kT) - e[(k-1)T]\} \tag{3-21}$$

下面用一个实例来介绍 PID 算法的应用。PID 在汽车上的应用实例——自适应巡航控制（ACC）。汽车 ACC 系统主要对定速和跟车两大子系统进行控制：在前方无引导车时，控制本车按照设定的巡航速度运动；在前方有引导车时，系统通过测距雷达监测与引导车的实际距离，调节控制信号来保持期望的车辆行驶速度，从而提高驾驶员的驾驶舒适度，以减轻疲劳。该系统中包括了对定速系统和跟车系统之间切换的执行器、PID 控制器，转换并输出控制节气门开度和制动踏板信号的下位系统，其中 PID 控制器为整个反馈回路的主要控制部分。

ACC 跟车系统工作示意图如图 3-11 示。PID 控制器工作原理如图 3-12 所示。

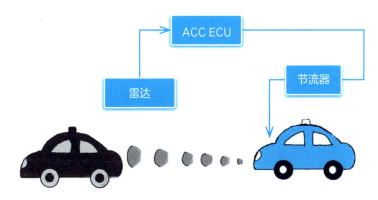

图 3-11　ACC 跟车系统工作示意图

PID 的优缺点：由 PID 原理及当前应用情况可知，PID 算法具有原理简单且易于实现、适用面广、控制参数相互独立、参数的选定比

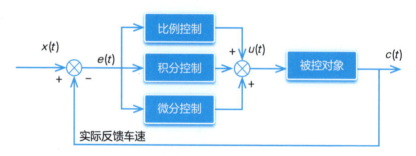

图 3-12　PID 控制器工作原理图

较简单等优点，这也是工业领域广泛采用 PID 控制器的原因。并且已在理论上证明，对于过程控制的典型对象——"一阶滞后＋纯滞后"与"二阶滞后＋纯滞后"的被控对象，PID 控制器是一种最优控制。

尽管 PID 控制器有诸多的优点，但是它也具有天然的缺陷——P、I、D 三者之间是线性组合关系，导致系统总是会出现"超调""振荡"等问题，而现有的数学工具还不足以支撑我们找到一个"通解"。在实际的应用中，被控过程往往机理复杂，具有高度非线性、时变不确定性和纯滞后等特点，特别是在噪声、负载扰动等因素的影响下，过程参数甚至模型结构均会随时间和工作环境的变化而变化，最终导致系统无法满足控制需求。

3.3.3　MPC 算法

在工程技术方面，MPC 全称是 Model Predictive Control，模型预测控制（又称 RHC，Receding Horizon Control），是一种进阶过程控制方法。自 1980 年以来，MPC 开始在化工炼油等过程工业中得到应用，也在经济领域开始得到应用。

MPC 是一种多变量控制策略，其中涉及：过程内环动态模型；控制量的历史数值；在预测区间上的一个最优值方程 J。最优控制量可由以上各量求出。MPC 最大的特点在于，相对于 LQR 控制而言，MPC 可以考虑空间状态变量的各种约束，而 LQR、PID 等控制只能够考虑输入输出变量的各种约束。MPC 可应用于线性和非线性系统。

MPC 是一个总称，有着各种各样的算法，其动态矩阵控制（DMC）是代表作。DMC 采用的是系统的阶跃响应曲线，其突出的特点是解决了约束控制问题。DMC 把线性规划和控制问题结合起来，用线性规划解决了输出约束的问题，同时解决了静态最优的问题。

MPC 控制原理如图 3-13 所示。

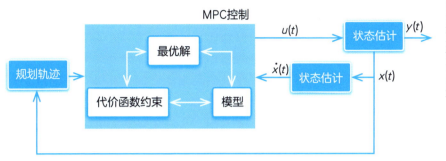

图 3-13　MPC 控制原理图

(1) MPC 的作用机理

MPC 的作用机理描述为：在每一个采样时刻，根据获得的当前测量信息，在线求解一个有限时间开环优化问题，并将得到的控制序列的第一个元素作用于被控对象。在下一个采样时刻，重复上述过程：用新的测量值作为此时预测系统未来动态的初始条件，刷新优化问题并重新求解。

即 MPC 算法包括三个步骤：①预测系统未来动态；②（数值）求解开环优化问题；③将优化解的第一个元素（或者说第一部分）作用于系统。这三步是在每个采样时刻重复进行的，且无论采用什么样的模型，每个采样时刻得到的测量值都作为当前时刻预测系统未来动态的初始条件。在线求解开环优化问题获得开环优化序列是 MPC 和传统控制方法的主要区别，因为后者通常是离线求解一个反馈控制律，并将得到的反馈控制律一直作用于系统。

(2) MPC 的基本特点

不管是何种算法，它们的基本特点都是：基于模型的预测、滚动优化和前馈-反馈的控制结构。

在 MPC 算法中，需要一个描述对象动态行为的模型，这个模型的作用是预测系统未来的动态。即能够根据系统 k 时刻的状态和 k 时刻的控制输入，预测到 $k+1$ 时刻的输出。在这里，k 时刻的输入正是用来控制系统 $k+1$ 时刻的输出，使其最大限度地接近 $k+1$ 时刻的期望值。

因为外部干扰和模型失配的影响，系统的预测输出和实际输出存在着偏差，如果测量值能测到这个偏差，那么在下一时刻能根据这个测量到偏差的测量值在线求解下一时刻的控制输入，即优化掉了这个偏差值。若将求解的控制输出的全部序列作用于系统，那么 $k+1$ 时刻的测量值不能影响控制动作，也就是说测量值所包括的外部干扰或模型误差信息得不到有效利用。故我们将每个采样时刻的优化解的第一个分量作用于系统，在下一个采样时刻，根据新得到的测量值为初始条件重新预测系统的未来输出并求解优化解，继续将这个时刻的优化解的第一个分量作用于系统，这样重复至无穷。故预测控制不是采用一个不变的全局优化目标，而是采用时间向前滚动式的有限时域优化策略。这也就意味着优化过程不是一次离线进行，而是反复在线进行的。

（3）MPC 与 LQR 比较

首先，LQR 的研究对象是现代控制理论中的状态空间方程给出的线性系统，而 MPC 的研究对象可以是线性系统，也可以是非线性系统。目前很多做法都是将非线性系统线性化，然后进行相关计算，具体要根据本身的工程状况来判断哪一种方式比较好。例如，使用 MPC 算法时，线控车底层速度控制接口就是加速度，这时就不必根据 IMU 再套嵌个一层 PID。

其次，既然是优化问题，那就离不开目标函数的设计。LQR 的目标函数在上面已经有描述，MPC 的目标函数的设计多数都是采用多个优化目标乘以不一样权重然后求和的方式。虽然方式不一样，不过都是对达到控制目标的代价累积。

最后，工作时域上的不一样。LQR 的计算针对同一工作时域，在一个控制周期内，LQR 只计算一次，并将这次计算出的最优解下发给控制器便可；而 MPC 是滚动优化的，将来一段时间内，每一个采样周期都会通过计算，得出一组控制序列，可是只将第一个控制值下发给控制器。

第 4 章

智能汽车计算平台

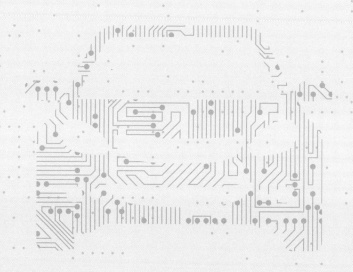

相对于传统汽车，智能汽车加装了激光测距仪、毫米波雷达、V2X 设备、视觉摄像头、Mobileye 等环境感知传感器，同时也加载了 RTK（实时动态）的卫星导航和惯导定位，再搭配上高性能的计算平台，可以将决策的运动控制指令下发到车辆的 CAN 总线上，进而实现在复杂路况下对车辆的自动驾驶控制，尽可能减少人工干预。智能汽车组成如图 4-1 所示。

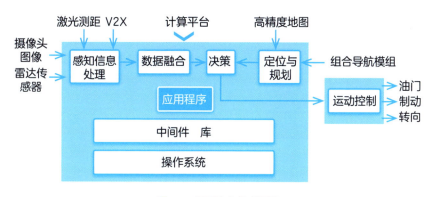

图 4-1　智能汽车组成框图

计算平台是智能汽车的运算大脑，如 SLAM 的 ESKF、EKF、UKF 等滤波算法，多传感器融合算法，状态机、马尔可夫等决策算法，A^*、D^*、RRT 等路径规划算法，MDP、POMDP 等轨迹预测算法，降维、分类、回归等机器学习算法，以及图像视觉处理中的图像分类、图像检测、图像分割、目标跟踪等算法，都需要很高的处理器计算能力，普通 ECU 级别的处理器根本难以应对如此大的运算量，必须靠加装的计算平台来实现海量的数据处理。

4.1　车载智能计算基础平台参考架构

在"新四化"的背景下，汽车电子电气架构从分布式逐步向集中式持续演进，汽车电子底层硬件不再是实现单一功能的单一芯片，提供简单的逻辑计算，而是需要更为强大的算力支持，软件也不仅仅是某一固定硬件开发，还要有可移植、可拓展等特性。智能化和网联化共同推动着汽车电子电气架构的发展：一方面是 ECU（电子控制单元）

的功能进一步集成到车载计算机,另一方面实时、高速网络启用和车内网络拓扑进一步优化,如图 4-2 所示。

智能网联汽车需要集成多种计算模块来满足应用服务。就目前来说,智能网联汽车需要集成 ECU、域控制器等计算模块,自动驾驶和智能座舱计算模块是汽车产业探讨的焦点。自动驾驶是智能网联汽车最主要的功能,需要具备高安全、高可靠等特点,故发展能够支撑实现自动驾驶功能的车载计算基础平台意义重大。

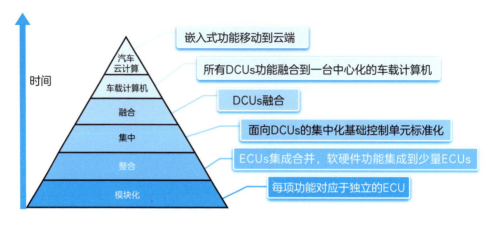

图 4-2　汽车电子电气架构演进趋势
DCUs: 域控制器单元

4.1.1　参考架构总体框架及其特点

（1）参考架构总体框架

车载智能计算平台需要软件和硬件协同发展,才可促进其落地应用。车载智能计算基础平台需要结合传感器和车辆平台等一系列外围软件,还需采用新型高速网络（高速 CAN 总线、以太网等）和传统网络。车载智能计算基础平台需具备工作可靠、分布弹性、运行实时和高算力等特点,可完成感知、规划、网联、控制和云控等功能,最终可实现安全、实时和可扩展的多等级自动驾驶和新任务。车载智能计算基础平台参考架构包括两部分：异构分布硬件架构和自动驾驶操作系统。其中,自动驾驶操作系统是在异构分布硬件架构基础之上设计的,包括功能软件和系统软件,如图 4-3 所示。

（2）参考架构硬件特点

参考架构硬件特点主要是异构和分布弹性。

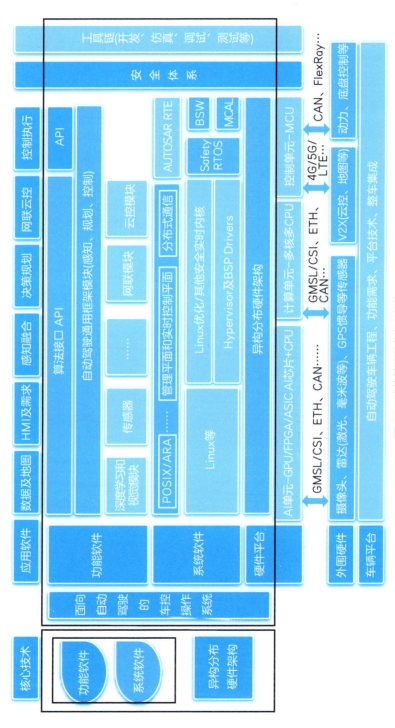

图 4-3 计算基础平台参考架构

① 异构：车载智能计算基础平台需采用异构芯片硬件方案。面向 L3 及以上等级自动驾驶车辆，车载智能计算基础平台需兼容多类型多数量传感器，并具备高安全性和高性能。现有单一芯片无法满足诸多接口和算力要求，需采用异构芯片的硬件方案。异构可以体现在单板卡集成多种架构芯片，如奥迪 zFAS 集成 MCU（微控制器）、FPGA（现场可编程门阵列）、CPU（中央处理器）等；也可以体现在功能强大的单芯片（SoC，系统级芯片）同时集成多个架构单元，如英伟达 Xavier 集成 GPU（图形处理器）和 CPU 两个异构单元。现有车载智能计算平台产品，如奥迪 zFAS、特斯拉 FSD、英伟达 Xavier 等，硬件均主要由 AI（人工智能）单元、计算单元和控制单元三部分组成，每个单元完成各自所定位的功能。

② 分布弹性：车载智能计算基础平台当前需采用分布式硬件方案。当前汽车电子电气架构由众多单功能芯片逐渐集中于各域控制器，L3 及以上等级自动驾驶功能要求车载智能计算基础平台具备系统冗余、平滑扩展等特点。一方面，考虑到异构架构和系统冗余，利用多板卡实现系统的解耦和备份；另一方面，采用多板卡分布扩展的方式满足自动驾驶 L3 及以上等级算力和接口要求。整体系统在同一个自动驾驶操作系统的统一管理适配下，协同实现自动驾驶功能，通过变更硬件驱动、通信服务等进行不同芯片的适配。车载智能计算基础平台需具有弹性扩展特性，以满足不同等级自动驾驶需求。针对 L3 及以上等级自动驾驶汽车，随着自动驾驶等级提升，车载智能计算基础平台算力、接口等需求都会增加。除提高单芯片算力外，硬件单元也可复制堆叠，自动驾驶操作系统弹性适配硬件单元并可进行平滑拓展，达到整体系统提升算力、增加接口、完善功能的目的。

4.1.2 核心算法开发技术

（1）环境感知与定位

环境感知的主要目的是通过智能汽车传感器（如摄像头、毫米波雷达、激光雷达、超声波雷达及差分 GPS 等）收集车辆自身、周围障碍物及道路等与驾驶任务相关的信息。车辆周围障碍物及道路信息可通过多种车载传感器检测获得，基于多传感器的信息融合方法能够综合利用多传感器的优点，有效克服单一传感器性能缺陷，从而获得稳定、准确的障碍物及道路信息。因此，多传感器信息融合技术是自动驾驶汽车系统中的核心技术之一。

环境感知系统总体方案设计：根据智能汽车驾驶场景分析设计环境感知系统总体方案。针对自动驾驶 360°全域安全指标要求，一般通过在车辆周边布置多个毫米波雷达和摄像头，以及多个激光雷达，完成车道线、车辆、行人、非机动车辆、障碍物、道路标识等环境信息的检测。选择高性能处理器作为运算平台，运行基于深度学习的多传感器信息融合算法。

环境感知系统核心融合算法：环境感知系统一般采用基于机器学习的方法进行目标的检测和跟踪，利用深度学习进行摄像头、毫米波雷达、激光雷达信息的融合算法处理。为了满足系统实时性要求，需要采用高性能芯片作为计算平台，满足神经网络学习算法的运算要求。

多源信息融合感知系统软件体系架构设计：多源信息融合感知系统软件主要由传感器标定、坐标变换、数据采集与预处理、数据存储缓冲、信息融合、目标检测与识别、综合调配状态网络管理、环境模型构建等软件单元模块组成，如图4-4所示。

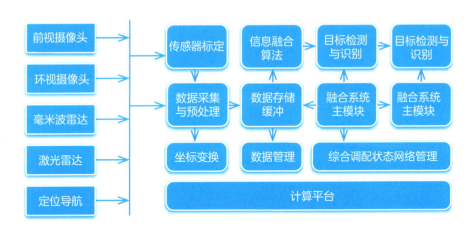

图 4-4　多源信息融合感知系统软件组成示意图

为实现多源信息融合感知系统目标检测与跟踪和环境建模功能，设计不同的软件类库来实现具体的软件功能，并利用面向对象的方法，使用抽象类库设计抽象接口类，实现数据、设备驱动、软件算法等方面的模块化设计，为进行功能扩展、设备替换提供方便，形成智能汽车多源信息融合感知系统的基础软件平台。环境感知系统一般采用基于机器学习的方法进行目标的检测和跟踪，涉及的工作包括：Robust（鲁棒）的城市复杂动态场景点云配准方法；自动驾驶环境下多视角环境模型构建理论；基于证据理论和支持向量机的多传感器数据融合；基于深度学习的视觉雷达融合方法。

高精定位关键技术：厘米级实时高精定位是目前自动驾驶技术的挑战之一。高精定位一般包含相对定位、绝对定位和组合定位，自动驾驶汽车一般采用组合定位方法，目前常用的定位方法包括 RTK-GPS 定位、IMU 定位和 SLAM 定位。组合定位是基于 RTK-GPS 的绝对定位的初始位置信息，利用 IMU 传感器的加速度计、陀螺仪等测量相对于汽车初始位姿的距离和方向以确定当前汽车的位姿。然后用激光雷达或视觉感知环境，用主动或被动标识、地图匹配、GPS 或导航信标进行高精定位。

（2）决策与规划

智能汽车路径规划决策是实现汽车智能驾驶的关键技术之一，将车从起始位置移动到目标位置，车辆的运动限制在路面上，同时考虑汽车动力学。因此，规划的路径除了考虑路程最短、无碰撞外，还需要考虑车辆运动轨迹的可执行性。路径规划任务可以分为三层，如图 4-5 所示，上层为全局路径规划、中层为局部路径规划、下层为轨迹规划，每层执行不同任务。三大规划是智能驾驶计算平台最复杂的部分，算法很多。

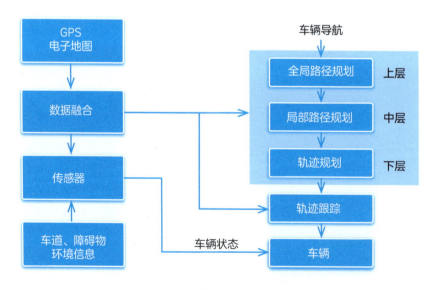

图 4-5　路径规划流程图

上层全局路径规划，是指在电子地图、路网以及交通信息等基础上，根据某优化目标得到两点之间的最优路径，完成路径规划的传感信息主要来自GPS定位信息以及电子地图。

中层局部路径规划，是指根据当前行驶区域内道路交通等环境信息，决策出当前时刻满足交通法规、道路约束的最优行驶行为，动态规划的局部路径序列组成宏观路径。局部路径规划的传感信息主要来自车载传感器，如雷达、摄像头等，用以识别道路障碍、车道线、道路标识信息和交通信号灯信息等。

下层轨迹规划，是指在当前时刻以完成当前行车行为为目标，考虑周围交通环境并满足不同约束条件，根据目标动态规划决策出的最优轨迹。下层轨迹规划除了必要的外部环境信息外，还需要对本车状态信息进行测量或估计，车辆的动力学约束也会在轨迹规划中得到体现。

全局路径规划的主要任务是根据全局地图数据库信息规划出自起始点至目标点的一条无碰撞、可通过的路径。在满足汽车行驶诸多约束的前提下，以某性能指标最优为目的，规划出车辆的运动轨迹。

局部路径规划是在智能车辆的行驶过程中，以局部环境信息和自身状态信息为基础，规划出一段无碰撞的理想局部路径。主要是探测障碍物，并对障碍物的移动轨迹跟踪做出下一步可能位置的推算，最终绘制出一幅包含现存碰撞风险和潜在碰撞风险的障碍物地图。局部路径规划的主要前提是对周围环境有深刻的理解，并有一个非常完善实时的环境，通常采用栅格法构建环境模型。

车辆路径规划算法有静态路径规划算法和动态路径规划算法。此外，还有实时启发式搜索算法、基于分层路网的搜索算法、神经网络、遗传算法及模糊理论等。算法训练流程如图4-6所示。

轨迹规划是在全局路径规划和局部路径规划的基础上，考虑时间序列和车辆动力学对车辆运行轨迹的规划。

针对规划决策方面的研究，尤其是复杂动态环境下具备仿生认知决策能力的相关研究较少。规划决策可基于社会属性的深度强化学习的决策方法，可以借鉴驾驶员规划决策知识进行机器学习，探究具有不完整数据、不确定知识特点的驾驶规划决策知识获取算法，消除多源信息间可能存在的冗余和矛盾信息，降低其不确定性，以形成对驾驶系统相对完整的一致性描述，从而提高驾驶系统决策及反应的快速性和准确性，为智能汽车智能行为决策控制提供理论依据。

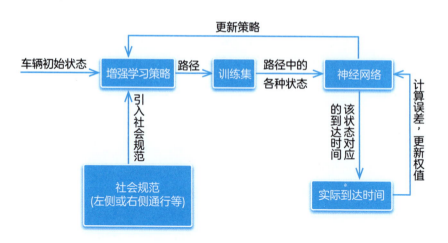

图 4-6　车辆路径规划算法训练流程

（3）控制与执行

目前，智能驾驶车辆运动控制主要掌握在核心供应商和国外主流主机厂手中，国内积累薄弱，而且一级核心供应商对国内整车厂底层执行协议的开放不足，多为黑盒子，控制协议均为付费公开，并且接口开放程度也直接影响着汽车操控的可控程度。但车辆运动控制技术是自动驾驶真正落地的基础，自动驾驶汽车想要平稳行驶，并保持舒适性，很大程度上取决于底盘和动力控制技术。同时，自动驾驶能否达到专业的操控性水平，很大程度上取决于自动驾驶决策规划时对车辆控制动力学的理解程度。

4.2 参考指标

智能汽车计算平台的参考指标如图 4-7 所示。

（1）性能

第一项参考指标是计算单元的性能，包括 CPU、GPU、内存和总线。

当前主流的 CPU 是 ARM 公司的 ARM 架构和英特尔公司的 X86 架构。英特尔公司的自强系列处理器已被广泛应用于数据处理器和工控机上。CPU 的工作内容包括程序控制、操作控制、时序控制、数据加工和中断处理。程序控制负责控制程序中指令执行的顺序；操作控制负责产生指令执行所需的操作控制信号，以便控制执行部件的运行；

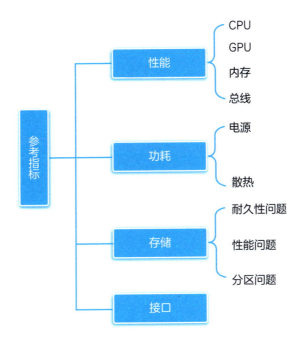

图 4-7　参考指标框架图

时序控制负责控制每个操作控制信号的开始和持续时间；数据加工负责对数据进行运算，在相关部件间传送；中断处理负责及时响应内部异常和外部中断请求。

典型的 CPU 简化架构如图 4-8 所示。

如果说 CPU 是主人，那么 GPU 就是助理。GPU 并不是一个独立运行的计算平台，而需要与 CPU 协同工作，可以看成是 CPU 的协处理器。因此，GPU 并行计算，是指 CPU＋GPU 的异构计算架构。在异构计算架构中，GPU 与 CPU 一般通过 PCI-E 总线连接在一起来协同工作，CPU 所在的位置称为主机端（host），而 GPU 所在的位置称为设备端（device）。

GPU 内部组成部分如图 4-9 所示。

早期的 CPU 都是针对整数运算的，也有的 CPU 有少量的浮点运算处理，可以处理低像素。随着像素数越来越高，需要大量的浮点运算处理器，GPU 就出现了。标准意义的 GPU 的性能参数为 FLOPS（Floating-point Operations Per Second）。最常用来测量 FLOPS 的基准程序之一，就是 Linpack。从 2010 年的 Fermi 开始，NVIDIA（英伟达）使用类似的 GPU 原理架构，使用一个 Giga Thread Engine 来管理

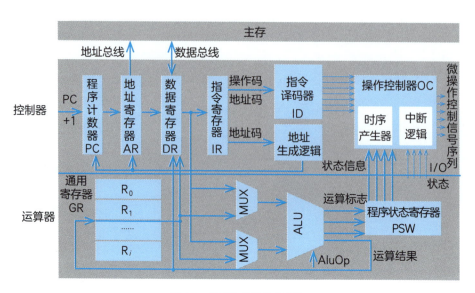

图 4-8 典型的 CPU 简化架构

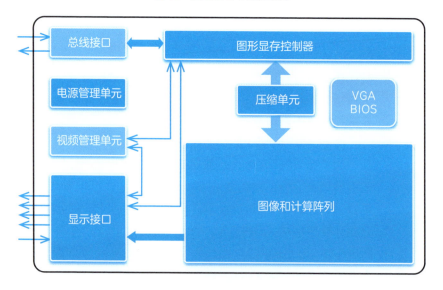

图 4-9 GPU 内部组成部分
VGA: 视频图形阵列； BIOS: 基本输入输出系统

所有正在进行的工作，GPU 被划分成多个 GPC（Graphics Processing Cluster），每个 GPC 拥有多个 SM（SMX、SMM，Streaming Multi-processor，流多处理器）和一个光栅化引擎（Raster Engine），它们中有很多的连接，最显著的是 Crossbar，它可以连接 GPC 和其他功能性模块（如 ROP 或其他子系统）。

内存包括 CPU 内存和显存，内存容量太小和刷新频率太低都会影响系统性能。同时，应当尽量避免内存条的设计，采用贴片内存，防止内存振动失效。

无人驾驶汽车的传感器和 GPU 等硬件设备都需要总线和计算平台相连接，总线带宽是系统性能的保障。同时，计算平台的 CPU 需要采用冗余设计，两个 CPU 之间通过总线连接，保证一个 CPU 失效后，另一个也能够继续工作。

(2) 功耗

一般来说，系统性能越强，功耗越大。功耗主要考虑两个方面：电源和散热。

计算平台采用的是车载电源，考虑到车内人员的安全，车载电源的电压限制在 36V 以内，所提供的功率不超过 1kW，所以计算平台的功率也在 1kW 以下。如果需要增加功率，可以增加电源的数目或者增加电流。电流越大，系统的发热会越大，因此增加功率是有限度的。

散热方面，在大功率时，计算平台需要散热。由于在汽车封闭的后备箱中没有排风口，所以计算平台采用风扇散热时无法将热量有效地排放出去，而采用水冷散热，不需要排风口就可以在大功耗时将热量有效排放。

(3) 存储

汽车行业智能网联趋势的发展，不仅推动软硬件技术的升级，也带来海量数据的生成。2021 年，一辆汽车的平均数据存储量为 34GB，预计到 2026 年，单车的存储量将达 483GB。在众多的汽车新技术中，自动驾驶和智能座舱是推动车载存储市场发展的两大推力。随着 ADAS 功能的增多和 Tbox 安装率的提高，需要用到 8GB eMMC 存储技术。另外，智能座舱概念的发展，也使得车载娱乐方面的存储量从以前的 32GB 提高到 64GB。从统计数据来看，随着自动驾驶技术的进一步推进，L3 级别的汽车需要存储的数据增加至 512GB，到 L5 级别时还会继续增长。而在智能座舱方面，预计到 2050 年左右，单个车辆智能车舱所需的容量将达到 256GB 或者 512GB。

当前市面上的汽车存储方案还存在几个弱点。

第一是耐久性问题。大部分存储产品都有寿命期限，随着使用年限的增加，工作负载会增加，NANDFlash 车载容量消耗会加快，可能会遇到第四年或者第五年机器无法启动的情况。

第二是性能问题。日益增长的数据流和更快的启动时间都需要高性能存储技术的支持。由于现在的车载应用越来越多，系统越来越复杂，对于存储的要求也越来越高。

第三是分区问题。现在大多数的车载应用NANDFlash产品都不支持物理分区，客户需要清楚逻辑分区和物理分区的区别，确保不会因为频繁擦写数据而损坏全盘，导致机器不能正常使用。

第四是内容预烧录。随着高清地图变得必不可少，且地图文件越来越大，预烧录能够有效地节省产线的成本。目前市面上主流的是25％容量的预烧录，也有100％容量预烧录。然而对于100％容量预烧录产品，后期回流焊的次数也是有限制的，对于这个问题，客户立项之初也要考虑进去。

（4）接口

计算平台除了需要注意性能、功耗和存储外，还需要注意各种总线接口是否完备。目前，传感器的接口丰富多样，摄像头采用的是USB接口，激光雷达采用的是以太网，毫米波雷达采用的是CAN总线，同时还需要预留足够的接口给其他外设，如GPU、FPGA加速卡、V2X设备等。计算平台只有具备丰富的接口类型才能满足无人驾驶的要求。

4.3 异构分布硬件架构

面向L3及以上的自动驾驶车辆，车载计算基础平台需要兼容多种类型的传感器，还需兼备安全性和高性能等特性，但是单一芯片远不能满足诸多接口和算力的要求，需采用异构芯片的硬件方案。异构可有两种体现方式：第一种方式是单板卡集成多种架构芯片，如CPU（中央处理器）、FPGA（现场可编程门阵列）或者MCU（微控制器）；第二种方式是强大的单芯片，如NVIDIA Xavier集成GPU（图形处理器）和CPU两个异构单元。由于汽车电子电气架构由众多单功能芯片逐渐集中于各域控制器，L3及以上的自动驾驶功能要求车载智能计算基础平台有平滑扩展和系统冗余等特性，车载智能计算基础平台当前还要采用分布式硬件方案。

异构分布基础平台参考架构有芯片选型灵活、算力可堆砌等优点，硬件主要包括AI单元、计算单元、控制单元。

智能网联汽车计算平台硬件架构如图4-10所示。

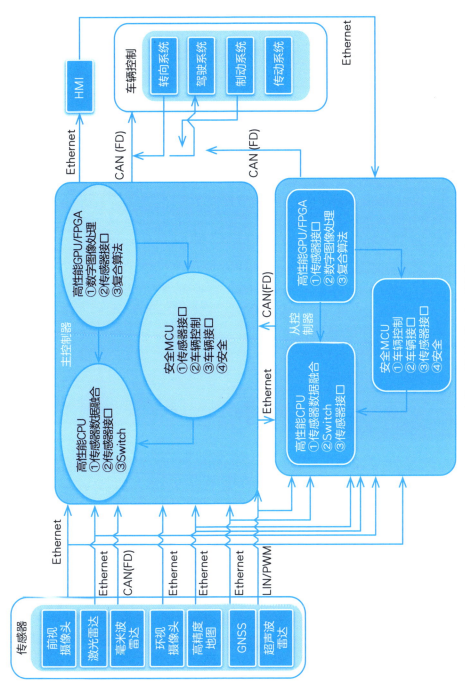

图 4-10 智能网联汽车计算平台硬件架构示意

AI 单元采用并行计算架构 AI 芯片，并使用多核 CPU 配置 AI 芯片和必要处理。AI 芯片可选用 GPU（图形处理器）、FPGA（现场可编程门阵列）、ASIC（专用集成电路）AI 芯片等。当前完成硬件加速功能的芯片通常依赖内核系统（多用 Linux）进行加速引擎及其他芯片资源的分配、调度，通过加速引擎来实现对多传感器的数据的高效处理与融合，获取用于规划及决策的关键信息。AI 单元作为参考架构中算力需求最大的一部分，需要突破成本、功耗和性能的瓶颈以达到产业化要求。

计算单元由多个多核 CPU 组成，采用的是车规级多核 CPU 芯片，单核主频高，计算能力强，满足相应功能安全要求，装载 Hypervisor、Linux 等内核系统管理软硬件资源，完成任务调度，用于执行与自动驾驶相关的大部分核心算法，同时整合多源数据实现路径规划、决策控制等功能。

控制单元基于传统车控 MCU。控制单元加载 Classic AUTOSAR 平台基础软件，MCU 通过通信接口与 ECU 相连，实现车辆动力学横纵向控制并满足功能安全 ASIL-D 等级要求。当前，Classic AUTO-SAR 平台基础软件产品化较为成熟，可通过预留通信接口与自动驾驶操作系统集成。

4.4 自动驾驶操作系统

自动驾驶操作系统是车载智能计算基础平台的核心部分。自动驾驶操作系统包括了车控操作系统，其基于异构分布硬件/芯片组合，是车控操作系统的异构分布扩展。车控操作系统是指传统车控 ECU 中主控芯片 MCU 装载运行的嵌入式操作系统，如 AUTOSAR（OSEK）操作系统，可参考 Classic AUTOSAR 软件架构，吸收其模块化和分层思想。

自动驾驶操作系统除了具备车载操作系统的特点和功能，还能提供性能强、可靠性高的传感器，自动驾驶通用框架以及分布式通信等模块，可用来支持自动驾驶感知、规划、决策和控制等功能的共性实现。自动驾驶操作系统把车控操作系统整体纳入系统软件和功能软件框架中，车控操作系统在 MCU 上运行，以功能安全 ASIL-D 等级保证车载智能计算平台可靠安全,并可根据自动驾驶需求在一定程度上进行扩展。功能软件和系统软件是车载智能计算基础平台实时、安全和高效的基础和核心。

自动驾驶操作系统包括功能软件和系统软件两部分。系统软件创建复杂嵌入式系统运行环境。功能软件根据自动驾驶核心共性需求,明确定义自动驾驶各共性子模块。系统软件可参考借鉴 AUTOSAR 软件架构分层思想,实现与 Classic 和 Adaptive 两个平台的兼容和交互。功能软件根据自动驾驶共性需求,进行通用模块定义和实现,可补充 AUTOSAR 架构在自动驾驶方面的不足和缺失。

4.4.1 功能软件

功能软件主要包含自动驾驶通用框架、网联、云控、深度学习和视觉、传感器等核心共性功能模块,如图 4-11 所示。功能软件结合系统软件,共同构成完整的自动驾驶操作系统,支撑自动驾驶技术实现。

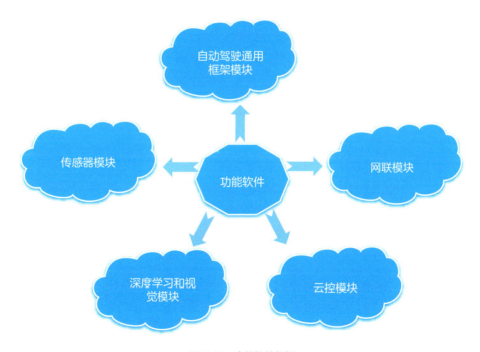

图 4-11 功能软件框架

① 自动驾驶通用框架模块：是功能软件的核心和驱动部分，L3 及以上的自动驾驶系统具备通用的框架模块，如感知、规划、控制等及其子模块。设计通用模块主要有两方面的原因：一方面，自动驾驶会产生产品化和安全共同要求，通用模块是保障自动驾驶系统实时、安全、可扩展和可定制的基础；另一方面，人工智能算法等重点算法在不断演进，如基于高精度地图等多源信息融合定位算法和基于卷积神经网络框架的深度学习感知算法等。自动驾驶通用框架模块定义核心、共性的自动驾驶通用框架和数据流，并包含共性模块的实现；提供对外接口 API（应用程序编程接口）和服务，以接入非共性或演进算法、HMI（人机接口）等；通用框架模块也会调用自动驾驶操作系统内的云控、网联、信息安全等功能软件模块，或使用这些模块提供的服务。通用框架模块的设计和实现，可以充分利用市场不断成熟的、不同领域的算法子模块，促进产品高质、高效、快速地迭代。

② 网联模块：是自动驾驶操作系统功能软件中实现网联通信、处理网联数据的功能子模块。除满足常规网联服务场景要求外，该子模块通过完善通用框架模块设计，实现网联协同感知、网联协同规划、网联协同控制等网联自动驾驶功能。网联数据通过 V2X（车用无线通信技术）获得，包括路侧数据、摄像头信息、智能信号灯信号、道路交通提示预警等信息及其他车辆信息等，与单车传感器系统的多种探测手段相结合和融合处理，能够有效实现单车感知范围扩展到数百米，车辆间防碰撞，根据预警直接控制车辆启停等重要感知、规划和控制功能。单车智能化与 V2X 网联功能的有机结合增强了自动驾驶系统整体的感知、决策和控制能力，降低了自动驾驶成本，最终实现无人驾驶。该子模块是智能网联汽车的典型特征，也是自动驾驶操作系统的核心模块之一。

③ 云控模块：是与云控基础平台交互的功能子模块。云控基础平台为智能网联汽车及其用户、管理及服务机构等提供车辆运行、基础设施、交通环境等动态基础数据。云控基础平台具有高性能信息共享、高实时性云计算、多行业应用大数据分析等基础服务机制。云控模块基于自动驾驶通用框架模块的支持，提供云控基础平台所需的数据支撑，同时通过高速通信与中心云/边缘云进行云端感知、规划和控制等数据的实时同步，实现云-端分工协同，如基于广泛多车感知的云-端感知、云-端多车感知融合和云-端最终裁决等。

功能软件需要支持深度学习嵌入式推理框架，便于成熟算法移植和适配。自动驾驶是深度学习算法的重要应用场景，尤其在视觉、激光雷达及决策规划方面，算法企业、科研机构进行了长期且富有成效的研究和产品化工作。自动驾驶操作系统功能软件中需要支持深度学习嵌入式推理框架（如 TensorRT），并兼容 TensorFlow 和 Caffe 等主流训练开发框架的深度学习模型，便于运行现有成熟算法和开发生态的移植和适配。

④ 传感器模块：用于规范和模块化各类自动驾驶传感器，为传感数据融合提供基础。L3 及以上等级自动驾驶技术方案多依赖激光雷达、摄像头、毫米波雷达等不同类型、不同安装位置的传感器，这些传感器硬件接口、数据格式、时空比例、标定方法不同。针对传感器的多样性、差异性和共性需求，自动驾驶操作系统功能软件中预置传感器模块来规范和模块化自动驾驶各类传感器，为异构传感器信息融合处理提供基础。

4.4.2 系统软件

系统软件是针对汽车场景定制的复杂大规模嵌入式系统运行环境。系统软件一般包含异构分布系统的多内核设计及优化、Hypervisor、POSIX/ARA（AUTOSAR Runtime for Adaptive applications）、分布式系统 DDS（数据分发服务）等，如图 4-12 所示。

① 内核系统：自动驾驶操作系统要求多内核设计，对内核的要求与 Classic AUTOSAR 和 Adaptive AUTOSAR 对内核的要求类似。车载智能计算基础平台支持异构芯片，需考虑功能安全、实时性能要求。

当前异构分布硬件架构各单元加载的内核系统安全等级有所不同：AI 单元内核系统 QM～ASIL-B，计算单元内核系统 QM～ASIL-D，控制单元内核系统 ASIL-D，因而出现不同安全等级的多内核设计或单内核支持不同安全等级应用的设计。保证差异化功能安全要求的同时满足性能要求，是自动驾驶操作系统的系统软件设计的关键。

目前，应用在汽车或嵌入式系统中的 RTOS（实时操作系统），如 OSEKOS、VxWorks、RT-Linux 等，可以作为计算单元内核的选择，但要考虑汽车功能安全等级以及市场成熟度。另外，车载智能计算基础平台的复杂性也要求内核系统对系统软件、功能软件及应用软件的库支持和可编程性。国内相关 ICT 企业，如华为、中兴等，也推出了自研实时内核系统，并开始商用和计划通过汽车功能安全评估。Linux

内核紧凑高效，开源灵活，广泛支持芯片和硬件环境及应用层程序。目前，技术路线也有对 Linux 系统进行定制优化，实现 CPU 和内存资源保护并高效实时的混合系统，达到功能安全等级要求。QNX 是目前广泛应用的汽车嵌入式 RTOS 内核系统，其建立在微内核和完全地址空间保护基础之上，实时、稳定、可靠、安全，满足 ASIL-D 功能安全等级。

图 4-12　系统软件框架图

② Hypervisor：Hypervisor 虚拟化技术有效实现资源整合和隔离。Hypervisor 是一种硬件虚拟化技术，管理并虚拟化硬件资源（如 CPU、内存和外围设备等），将其提供给运行在 Hypervisor 之上的多个内核系统。自动驾驶操作系统基于异构分布硬件，应用程序（如 AI 计算和实时安全功能）可能分别依赖不同的内核环境和驱动，但在物理层面共享 CPU。Hypervisor 是实现跨平台应用、提高硬件利用率的重要途径。

自动驾驶域控制器的功能实现需要覆盖环境感知、传感器融合、决策控制等，同时，功能安全和信息安全的需求加入，对控制器软硬件系统提出了更高的性能要求。可通过在硬件（物理芯片）和软件操作系统之间嵌入 Hypervisor 层，基于硬件抽象层，直接模拟成几个 OS（Operating System），解决资源冲突和虚拟机的选择问题，如图 4-13 中的 TYPE1。Hypervisor 是所有虚拟化技术的核心，主要目的是使多操作系统和应用共享一片硬件资源，也被认为是硬件虚拟器。

使用 Hypervisor 层的改进式架构（图 4-13 中的 TYPE2），可以增加操作系统使用的灵活性，其是多操作系统应用的发展必然，也是软件设计的重点内容。

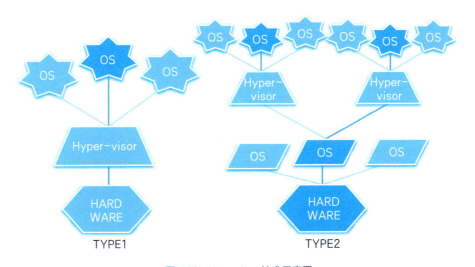

图 4-13　Hypervisor 技术示意图

Hypervisor 主要根据具体的产品类型和系统标准等来选择最合适的解决方案。未来厂商必须要有 Hypervisor 的集成经验，其中会涉及虚拟的驱动开发和资源配置，包括对各种虚拟机的支持，以及对全新 CPU 的适配。目前，芯片主要包括 Intel、Renesas、NXP、TI 等，操作系统主要包括 Linux、QNX 等。

③ POSIX/ARA：系统软件可借鉴 Adaptive AUTOSAR 平台思想，采用 POSIXAPI。POSIX（可移植操作系统应用程序接口）能够很好地适应自动驾驶所需要的高性能计算和高带宽通信等需求。Adaptive AUTOSAR 采用基于 POSIX 标准的内核系统，可使用所有标准的 POSIXAPI，旨在满足未来高级自动驾驶的需求。自动驾驶操作系统的系统软件基于实时嵌入式软件单元架构，可借鉴 Adaptive AUTOSAR 平台思想在不同内核系统采用 POSIXAPI 与应用软件、功能软件交互。

④ DDS：DDS 满足多种分布式实时通信应用需求。DDS 属于通用概念，是一种分布式实时通信中间件技术规范。自动驾驶操作系统需要建立跨多内核、多 CPU、多板的通用、高速、高效的 DDS 机制。DDS 可采用发布/订阅架构，强调以数据为中心，提供丰富的 QoS（服务质量）策略，能保障数据进行实时、高效、灵活地分发，可满足各种分布式实时通信应用需求。目前，自动驾驶算法大多在基于 Linux 内核的中间件环境 ROS（机器人操作系统）中进行搭建和验证。ROS 主要提供"节点"间数据传递服务。为了增强"节点"间数据传输的实时性、持续性和可靠性，2022 年 5 月发布的 ROS2 的通信系统基于分布式系统数据分发服务设计。ROS 依托于 Linux 系统，无法满足车规级和嵌入式系统要求，其效率、安全等方面的问题也限制其商业产品化。

⑤ 管理平面和数据平面：是自动驾驶操作系统实现的设计基石，是复杂嵌入式系统的通用概念。管理平面包含日志、管理、配置、监控等非强实时功能，存在于每个硬件单元。数据平面是实时控制平面，实现自动驾驶操作系统的主要功能和数据处理，运行自动驾驶通用数据、实时状态监控、数据收集、失效切换、网联、云控、信息安全等功能模块。

4.5 工具链和安全体系

4.5.1 工具链

车载智能计算基础平台的研发需要对产品进行整体迭代，而不只是针对单一的模块，或者其中几个功能。车载智能计算基础平台开发的软硬件环境以及全栈工具链成为其提升开发效率的重要途径之一，如图 4-14 所示。

① 可视化开发工具：可视化开发工具能够显著提高开发人员工作效率。通过操作图形用户界面上的界面元素，可视化开发工具能自动生成应用软件，将大幅度简化编程工作，加快算法的概念验证，提高开发人员的工作效率。可视化开发工具还可以实现多个资源和层次的连接，从而有效管理所有数据。此外，可视化开发工具还提供了功能丰富的可视化组件库，便于开发人员进行组件集合，提升设计对象的可扩展性和可维护性。

② 集成工具：集成工具用于实现车载智能计算基础平台软硬件单元的系统集成。根据分工、来源的不同，软件代码可以分为第三方工具生成代码、遗留系统代码、手写代码、第三方库文件、AI 相关库文件、基础平台库文件等。为了支持在车载智能计算基础平台上运行的软件系统，需要系统集成工具完成软件源码工程管理，软件编译链接和发布。

图 4-14　工具链框架图

③ 仿真工具：模拟仿真是提高自动驾驶系统开发迭代效率、丰富测试场景的重要手段。自动驾驶系统设计和实现远没有达到成熟，同时理论上其需要经过无限测试场景才能推出车规级产品，因此模拟仿真是开发与测试阶段提高开发迭代效率、丰富测试场景的重要手段，MIL（模型在环）、SIL（软件在环）、HIL（硬件在环）、VIL（车辆在环）仿真缺一不可。车载智能计算基础平台的研制、评测和定型全过程都需全面地应用仿真技术。

④ 测试工具：测试是车载智能计算基础平台开发的重要阶段，是保证系统质量和可靠性的最后关口。虽然车辆软件开发流程，如 ASPICE，提出了与 IT 行业相似的单元测试、软件集成、硬件集成、系统集成等多阶段测试，考虑车载智能计算基础平台的复杂性，仍需要制定和开发具备高质可靠、高效开发、快速迭代产品特质的测试工具、测试方

法及测试流程。

⑤ 调试工具：调试环境和工具可以加快车载智能计算基础平台复杂系统的开发进度。通过系统调试，可以更深刻地理解车载智能计算基础平台功能的实现原理。据调查，车载软件开发过程中，80%以上的程序员是把一半以上的时间用在程序调试上，而系统的开发过程也往往因为错误的存在而延期或进行返工。开发运用高效的调试工具，提高车载智能计算基础平台的调试效率，是推进产品研发进度的重要途径。

4.5.2 安全体系

功能安全、预期功能安全和信息安全构成了智能网联，特别是自动驾驶体系的安全要素。功能安全和预期功能安全是对部件和系统失效、设计不完备等情况的可靠性保证和冗余设计。此外，自动驾驶产品化需要信息安全防护，也需要考虑信息安全的功能安全和预期功能安全防护。

（1）功能安全

车载智能计算基础平台实现自动驾驶功能，需要具备可靠冗余的安全设计。其核心系统必须达到功能安全 ISO 26262ASIL-D 级别，并符合最新补充的 ISO/PAS 21448 预期功能安全要求。为实现车规级功能安全要求，应重点考虑软硬件部件失效、功能限制和应用场景不完备情况下的分析流程和设计需求。在车载智能计算基础平台中，硬件方面，如传感器和执行器冗余、车内网络冗余、芯片和硬件车规级功能安全设计，均是新的挑战和重点，同时软件方面的全栈功能安全设计更是极具挑战性和行业融合特质。

软硬件可靠冗余作为功能安全正向设计，融合了复杂嵌入式系统和自动驾驶的安全设计特点，不仅包含系统软件和功能软件，也要兼顾传感器、车辆网络、芯片、硬件平台等，可以高效完备地实现车载智能计算基础平台的车规级功能安全。通常，保障自动驾驶的功能安全有两种方式。一是软硬件正向可靠冗余设计，包括对称和非对称形式、全工和半工工作方式等。硬件方面主要是硬件冗余架构；软件方面主要包含系统软件跨 CPU、跨内核系统多等级监控，失效收集、状态同步、实时安全切换和功能软件的安全设计扩展。二是采用传统车辆功能安全分析流程，输出软硬件失效设计方案，其也是车载智能计算基础平台功能安全的重要组成部分。

（2）信息安全

车载智能计算基础平台需要应用智能网联汽车信息安全防护体系。智能网联汽车具有高度复杂的软硬件系统，也是网联、云控和大量数据聚集的重要载体。国内外智能网联汽车信息安全的标准正在制定和逐渐推出，如 ISO/SAE 21434 及国内的国家标准、行业标准和团体标准。车载智能计算基础平台的信息安全防护，不仅需要应用智能网联汽车的信息安全防护体系，也需要考虑自动驾驶应用带来的更多相关需求。车载智能计算基础平台需要建立具备纵深防御、长期监控和全生命周期的信息安全防护体系。信息安全防护体系包括车边界网络防护、车内处理器全栈防护、内外网传输保护、车辆安全服务生态等诸多方面。车载智能计算基础平台作为边界节点，需考虑与外部环境，以及车内网络各节点的访问隔离及网络层安全。车载智能计算基础平台的处理器安全需要考虑从硬件、固件、系统软件到功能软件的全栈软硬件处理器防护。车载智能计算基础平台与车内网其他节点以及外部车辆和云端的传输安全，包括基于信任链认证、加密等。考虑到自动驾驶应用，车载智能计算基础平台也要求其内部多域之间的访问控制和监控，与执行器传输的高等级认证和加密要求，同时计算平台还要保证代码和数据的存储安全，如防泄漏功能，以及相应的 OTA（空中升级）升级支持。

个人信息保护也是车载智能计算基础平台的重要安全功能。自动驾驶使得智能网联汽车可能成为最大的移动数据采集、存储和计算节点。除数据信息安全外，个人信息保护也是计算基础平台需要考虑的安全功能。保护个人信息，首要是数据的管理，如数据的拥有者认证、数据的可追溯、可审计等需求。

车载智能计算基础平台的信息安全基于智能网联信息安全防护体系，并考虑其架构与承载业务，实现安全防护和业务合规，保障自动驾驶系统和资产的安全。

4.6 高级别自动驾驶汽车计算平台

计算平台的处理器方案各式各样，CPU（X86、ARM、DSP 等）、GPU、FPGA（现场可编程门阵列）和 ASIC（专用集成电路）等架构都有对应的实现，汇总情况如图 4-15 所示，下面对部分厂商的计算平台分别进行介绍。

厂商	型号	核心处理器	OS	实物图片
华为	MDC810	异腾310	基于Linux的自研系统	
英伟达	NVIDIA DRIVE AGX Pegasus	NVIDIA Turing™ GPU	Ubuntu/DriveOS	
宸曜科技	GC系列GPU运算工控机	英特尔® 酷睿™ NVIDIA GPU	Ubuntu	
NXP	BlueBox 3.0	LX2016A、S32G274、MPPA	Linux	
高通	Snapdragon Ride	不详	QNX RT Linux	
地平线	Matrix2	[征程]处理器	不详	
谷歌	TPU芯片	不详	不详	
赛灵思	FPGA	Zynq	不详	
Mobileye	EyeQ5	EyeQ5	不详	

图 4-15 高级别自动驾驶汽车计算平台

① 华为的 MDC810：华为在 2021 年 4 月的新品发布会上推出了 MDC810 智能驾驶计算平台，算力超过 400TOPS，并且在量产的北汽 ARCFOX 极狐阿尔法 S 上搭载。华为的方案已经通过了 ISO 26262ASLD 认证，可满足 Robotaxi 等自动驾驶乘用车的应用场景。

② 英伟达的 NVIDI DRIVE AGX Pegasus：根据英伟达官方提供的资料，NVIDIA DRIVE AGX Pegasus 使用两块 Xavier 系统级芯片和两台 NVIDIA Turing™ GPU，实现了 320TOPS 的超级计算能力。该平台专为 L4 级和 L5 级自动驾驶系统设计和打造。英伟达很多深度学习的算法都是基于 CUDA 实现的。

③ 高通的 Snapdragon Ride：高通提供一整套的软硬件解决方案，包括安全系统级芯片、安全加速器和自动驾驶软件栈。该自动驾驶计算平台可在 130W 的功耗下实现 700TOPS 的算力。

④ 赛灵思的 FPGA：FPGA 是用户可自定义内部电路连接的一种高性能低功耗的可编程芯片，并行计算方面也有一定的优势。赛灵思之前收购了国内的 AI 研发企业深鉴科技，拿到了深度学习处理器 DPU 设计以及神经网络压缩编译技术，将继续研发机器学习和计算机视觉产品。2020 年，国内的宏景智驾选用了赛灵思的车规级 XA Zynq® UltraScale＋MPSoC™ 平台和 Vitis™ 软件开发平台，成功打造了其"双子星（Gemini）"车规级自动驾驶平台。

⑤ 宸曜科技的 GC 系列 GPU 运算工控机：宸曜科技是 X86 架构的工业级宽温型车载嵌入式工控机设备提供商，为自动驾驶和 CUDA 计算等提供理想的硬件解决方案。百度 Apollo 的自动驾驶解决方案便是采用的此种计算平台。

⑥ 谷歌的 TPU：谷歌的张量处理单元（Tensor Processing Unit，TPU）起初是计算神经网络的专用芯片，目前正在研发第四代，将采用 7nm 制程，每秒矩阵乘法相当于 2 万多亿次浮点运算，相比同期的 CPU 和 GPU，能够提供更高的性能。

⑦ 地平线的"征程 5"处理器：地平线公司于 2019 年发布了国内第一款车规级 AI 芯片，之后"征程 2""征程 3"在长安、理想、长城、上汽等多家车企的 20 多款车型上实现了前装量产。最新发布的"征程 5"系列单颗芯片 AI 算力最高可达 128TOPS，主要面向 L4 高级别自动驾驶。

⑧ 恩智浦（NXP）的 BlueBox 3.0：BlueBox 3.0 是 NXP 推出的

旗舰安全汽车高效能运算平台，主要包含 Layerscape 系列中性能最高的 LX2160A 多核处理器、恩智浦网关处理器 S32G274 和 Kalray 的 MPPA（大规模并行处理器阵列）处理器。BlueBox 3.0 能够缩短设计人员的产品开发周期，目前正在做商业推广。

⑨ Mobileye 的 EyeQ5：Mobileye 已经被英特尔（Intel）收购，放弃了 MIPS 架构，全部转为 Intel 的 Atom 架构。Mobileye 的 EyeQ 芯片发货超过数千万枚，先后与几十家 OEM（整车厂）合作。目前，EyeQ5 提供的算力水平是最高 24TOPS，装配了 8 枚多线程 CPU 内核，同时还搭载了 18 枚 Mobileye 的最新视觉处理器。

除此之外，特斯拉、德州仪器、黑芝麻智能等一批企业也在从事芯片平台的设计，并有对应的计算平台发布，限于篇幅，不再一一介绍。

第 5 章

智能汽车辅助单元

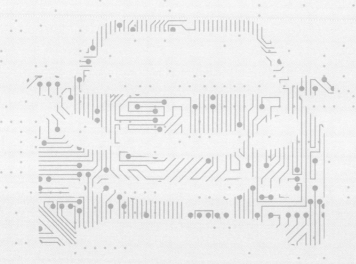

5.1 云控平台

云控平台是智能网联汽车云控系统的核心,它构建实时融合车路云数据、车路云标准通信与实时计算环境,进而支撑云控系统进行车辆及其交通运行性能优化、协调统一智能网联驾驶与智能交通应用,由协同应用和云控基础平台构成。云控平台可根据车辆与交通运行优化需求,对云控基础平台和协同应用进行统一调控与管理。

云控系统是一个繁杂的信息物理系统,在我国智能网联汽车产业联盟的牵头下,多家公司和机构共同探讨并设计了云控系统的整体架构,如图 5-1 所示。该架构由云控基础平台、路侧基础设施、云控应用平台、通信网、行业相关支撑平台以及混合交通等 6 个主要部分组成。

由图 5-1 可知,云控系统通过物理分散、逻辑协同的云控基础平台建设,采用开放共享、标准统一的数据交互形态,完成了车辆和其他交通参与者信息的采集与处理,同时也实现了与其他行业服务和管理平台的信息交互,进而完成对车辆与交通系统的多维度跨领域的数据协同。在这个基础之上,各行业服务类、政府管理类和车企智能化等应用都可通过云控基础平台的数据和计算协同获得其应用所需要的基础支撑,进而可使其应用的开发聚焦于实际的用户需求和管理要求,可极大程度地避免数据采集与处理的不一致和基础设施的重复建设,从而提高行业的协同服务能力和相关应用的开发效率。与此同时,还可针对各行业不同的信息安保要求,确保不同业务领域数据安全与可靠、数据交互的权限可控。

5.1.1 云控平台架构

(1) 云控基础平台

云控基础平台是云控系统的核心,它融合了车辆、道路环境和相关行业的实时动态数据,为智能网联汽车与相关产业部门提供标准化数据与计算基础服务。针对车辆驾驶与交通服务领域的实际应用,将云控整体架构设计成包括边缘云、区域云和中心云的三级云平台,三者所效力的范围不同,依次扩大。相应的计算实时性与数据交互要求则依次降低,进而在满足网联应用对服务范围和实时性不同需求的情况下,确保基础设施建设的高性价比和高效，它的总体框架如图 5-2 所示。

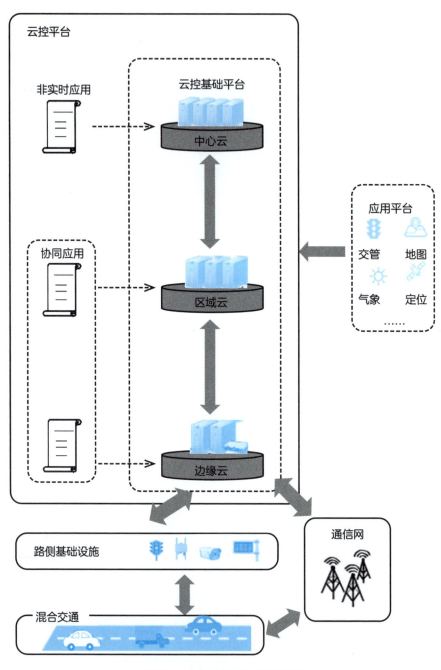

图 5-1　云控系统架构及组成示意图

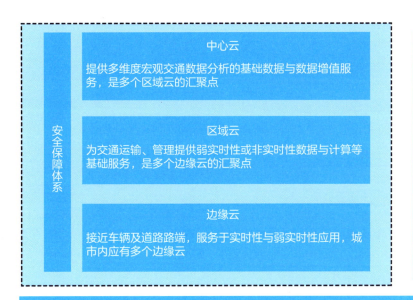

图 5-2　云控基础平台架构

1）边缘云

边缘云是云控基础平台最接近车辆和道路等端侧的运行环境。对于城市和高速公路等城际间的道路来说，一般情况下要根据道路的里程来部署若干个边缘云，每个边缘云对相应区域内道路的动态交通数据进行采集和计算，进而为网联汽车提供增强安全与效能提升的实时性和弱实时性云控应用基础服务。从组成结构上看，主要包括虚拟化管理平台、轻量级基础设施和边缘云领域特定标准件、标准化分级共享接口、计算引擎、高速缓存以及边缘云接入网关等组成部件。其总体架构如图 5-3 所示。

2）区域云

区域云主要是为区域级交通执法、交通监管以及区域内车辆等提供基础服务，是多个边缘云的汇聚点。对于小型城市各行政片区来说，一般只需建设一个区域云，由其负责整个城市区域内的全域车路数据采集与交通处理，进而为交通管理和交通运输部门提供非实时性或者弱实时性交通监管、执法等云控应用的基础服务。对于大型城市来说，在各行政片区的区域云之上，还可建设架构统一的全城市级区域云，

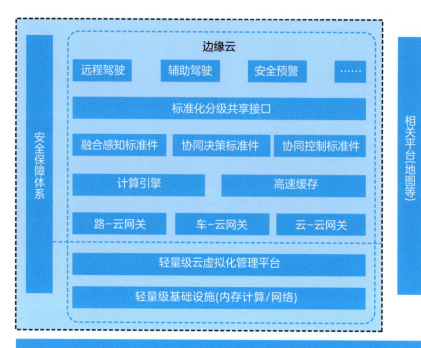

图 5-3 边缘云总体架构

这样即可实现对全城市微观车辆状态和宏观交通的整体把握，相对应的全城市级的区域云在功能定位上可以着重于城市交通统筹管理，片区级的区域云可以重点在交通应用和实际驾驶的管理和支持上把握。在组成架构上，其主要包括虚拟化管理平台和基础设施、计算引擎和存储分析、区域云接入网关、标准化分级共享接口和区域云领域特定标准件等组成部分。其总体架构如图 5-4 所示。

3）中心云

中心云面向车辆设计与生产企业、交通相关企业及科研单位、国家与行业管理部门，基于若干个区域云数据的汇聚，为其提供多维宏观交通数据分析的基础数据和数据增值服务。从中心云的部署上来看，各省可以统一建设一个中心云，进而可整体把握全省各个城市的全局交通实时状态并形成数据积累。类似地，也可建设全国统一的中心云来掌握全国各个省份的整体业务状态，从而为行业有关政策的制定和实施，给全国性的系统性服务和业务等实际应用需求提供全方位的数据支持。中心云的虚拟化管理平台和基础设施，在逻辑结构方面，与

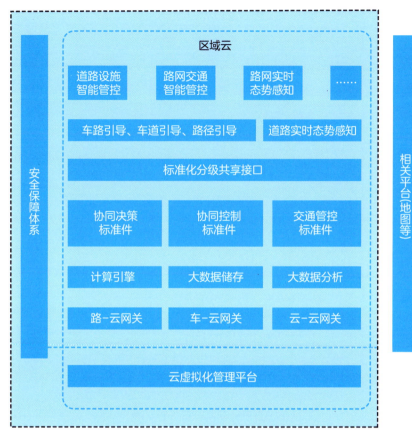

图 5-4 区域云总体架构

区域云相似；但是在物理规模方面，在不同的区域范围内有所不同。其结构组成主要包含计算引擎、数据仓库、大数据分析引擎、中心云接入网关、中心云领域特定标准件、标准化分级共享接口、基础设施和虚拟化管理平台等。其总体架构如图 5-5 所示。

（2）云控应用平台

云控应用平台是包含驾驶与交通、行业监管和服务等传统业务在云控系统的支撑下所实现的包含提升能效、行车安全等方面的智能网联驾驶应用，提高交通运输效率的智能交通应用，以及基于交通大数据、车辆的行业服务和管理类应用的集合。其中，针对有关应用对于数据传输和计算时延要求的不同，可将云控应用平台划分成非实时协同应用和实时协同应用。云控系统的意义所在就是云控应用平台。云

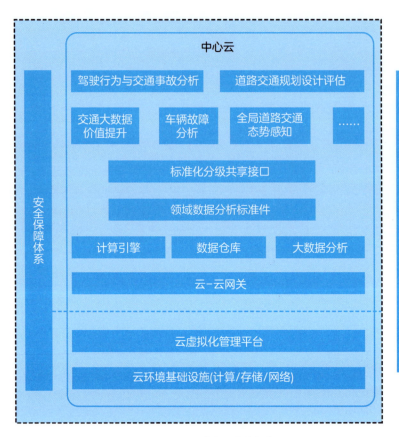

图 5-5　中心云总体架构

控应用平台基于云控基础平台，可获取更标准而全面的智能交通和汽车相关动态基础数据，进而为行业服务、管理部门和企业提供面向定制化、差异化服务的有效支持，聚焦客户实际需求，缩小行业的发展成本；同时配合面向实际业务的专业化技术（如交通调度和管理技术、车辆控制技术等），可实现全局意义上的交通运输及出行运营与车辆行驶性能提升的全链路精细化管理，提高应用的服务质量和效果，如可实现网联式远程驾驶、远程升级、动态路权管理、最优信号配时、高级别自动驾驶、网络安全监管等众多功能。

（3）路侧基础设施

一般情况下，云控系统的路侧基础设施设置在路侧杆件、灯杆等道路两侧相关设施以及附属建筑上，主要包含摄像头、毫米波雷达、激光雷达等路侧感知设施及路侧计算设施、路侧通信设施和交通信设施（如信号机、红绿灯、数字化标识牌）等。其中，路侧计算设施与路侧感知设施主要用于对道路交通状况以及参与对象进行实时识别、跟踪、预测等感知任务，与此同时还负责一部分为车辆提供局部辅助定位计算的任务。交通信号设施主要是利用车路云协同体系完成相关交通信息的数字化联网。设置路侧通信设施主要是为了将交通信号与控制状态以及相关计算结果通过低时延网络实现与云端、车端的互联互通。

(4) 通信网

云控系统的通信网主要包含有线通信网络和无线通信网络两大类，而无线通信网络又分为基于 5G 网络专用标准的通信网络、基于 LTE-V 协议的车-路、车-车点对点通信网络。云控系统主要是使用这两类无线通信网络，实现路侧设备、智能网联汽车与三级云的广泛互联通信，并围绕行业发展需求，针对实际应用场景来逐步完善无线通信协议。云控系统也可以通过有线网络实现云控基础平台与通信设备、路侧计算设备、交通信号设备之间的高可靠互联互通，后续随着无线网络低时延能力与可靠性的提升，相关的设备也可在一定程度上改用无线网络进行互联。云控系统也可利用软件定义网络、高精度定位网络、时间敏感网络等先进通信技术手段实现互联的高性能、高灵活性和高可靠性。

(5) 混合交通

混合交通包括车辆和其他交通参与者，是云控系统的重要组成部分。其中，连接到云控系统的车辆和交通参与者是云控基础平台的重要信息来源。不同等级网联化和智能化的车辆交通参与者都是云控系统的服务对象。相对而言，网联汽车与交通参与者和云控系统相关服务匹配度越高，其享受到的数据与计算结果就越丰富，从而可大幅提高相应的智能化水平，进而使终端用户可享受到更多的出行服务，确保出行过程的高效、节能、安全。

(6) 相关支撑平台

与云控平台按标准化协议进行动态数据交互的相关服务与管理平台、社会化应用，一方面可以利用云控平台获取当前宏观交通、微观车辆以及相关授权应用的实时动态信息，进而可协助相关平台完善和丰富其对行业提供的各类服务业务；另一方面，相关支撑平台本身的业务数据也可给接入云控系统的各类交通参与者、应用服务开发者和车辆使用。与此同时，相关的支撑平台也可完善、丰富智能网联和交通的产业应用服务内容，进而实现相关支撑平台和云控系统之间的良性服务循环，为行业提供更加丰富和多维的服务形态。

5.1.2 系统特征与关键技术

（1）系统特征

① 交通全要素数字映射：云控系统利用从车路云实时获取的各交通要素数据进行分级融合，构建物理世界在信息空间的实时数字映射，统一为不同协同应用提供运行所需的交通要素实时数据，破解混合交通感知难题。

② 车路云泛在互联：云控系统全域范围内车路云各异构节点，通过标准化通信机制进行广泛互联通信，打通信息孤岛，构建起用于支持融合控制的闭环通信链路。

③ 全局性能优化：云控系统通过对协同应用运行行为和方式进行统一编排，消解应用之间的行为冲突，利用各个应用的优势性能，可进一步提高系统优化交通和车辆的运行性能。

④ 系统运行高可靠：云控系统通过对感知、计算、应用实例等方面的可靠性动态需求分析和多重备份等方式实现系统的交通与车辆运行优化的高可靠性。

⑤ 高效计算调度：云控系统基于协同应用动态运行要求，通过对计算资源使用的整体动态优化调度，保证系统资源的高效利用，实现全域协同应用实时运行的高并发性，确保所服务交通与车辆的运行安全与性能。

（2）关键技术

为了确保上述的智能网联汽车云控系统的五大特征的实现，基于总体架构，在感知、计算、应用、通信、可靠性等五个方面，设计云控系统的关键技术及其参考架构。

1）车路云标准化通信技术

车路云标准通信技术以标准化机制构建云控系统的车、路、云的广泛互联，实现高并发通信的安全性、高性能与可定制性。关键技术有标准通信协议与应用协议管理、异构通信、高性能消息中间件、信息安全动态保障、通信性能全局动态优化等。其参考架构如图5-6所示。

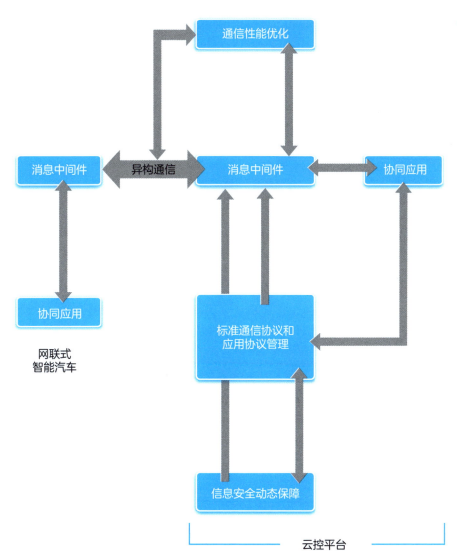

图 5-6　车路云标准化通信技术参考架构

2）车路云融合感知技术

车路云融合感知技术可以将云控平台所获取的车路云感知信息，在区域云上进行交通级感知融合，在边缘云上进行目标级感知融合，进而形成交通全要素实时数字映射，并在中心云上构建数据集。每个区域云和边缘云与相邻的同级云可进行信息同步与共享，进而可提升响应和可靠性。其参考架构如图 5-7 所示。

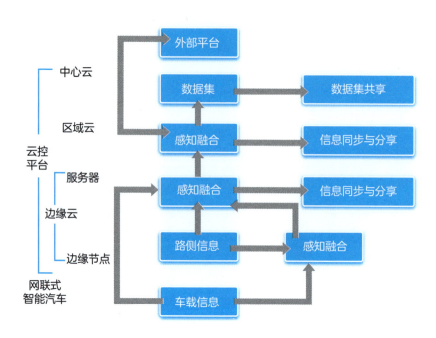

图 5-7　车路云融合感知技术参考架构

3）应用整体编排技术

应用整体编排技术将协同应用按照功能和服务对象在云控平台进行分级部署。区域云考虑交通整体性能，进行集中式应用编排，规划协同应用整体的生命周期和行为。在这之后，区域云和边缘云考虑个体需求对每个协同应用进行动态调控，以此消除应用间的行为冲突，可使系统总体优化性能最大化。其参考架构如图 5-8 所示。

4）统一计算编排技术

统一计算编排技术依据协同应用与应用整体编排规划与计算的要求，由区域云进行集中优化，确定算力配置及协同应用的部署和运行方式，进而可在最大程度上提升系统当前状态下可靠运行的协同应用的总效用，由边缘云和区域云进行各应用的计算和运行调度。其参考架构如图 5-9 所示。

5）运行保障技术

运行保障技术通过链路和节点的动态备份提升云控平台的可靠性，利用协同应用与车端自动驾驶的协作来克服系统运行工况波动的影响。车端还需部署安全模式应用，在极限工况下可安全地切换到单车自主控制。其参考架构如图 5-10 所示。

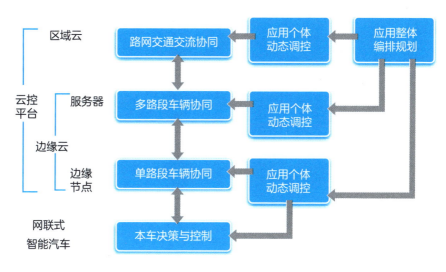

图 5-8　应用整体编排技术参考架构

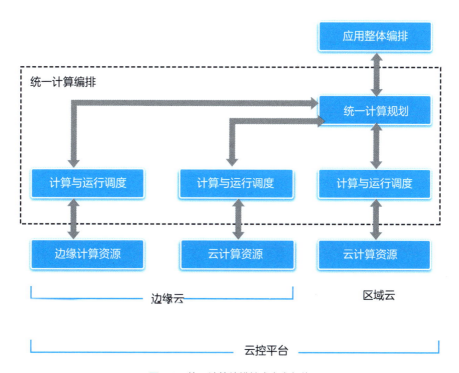

图 5-9　统一计算编排技术参考架构

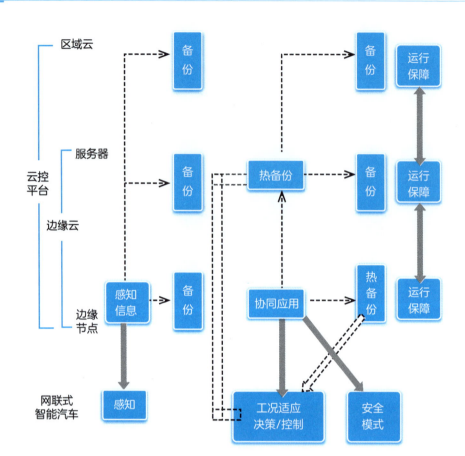

图 5-10 运行保障技术参考架构

5.1.3 仿真测试和高精度地图的生成

云端主要完成以下四个功能。

① 数据存储：开发高级驾驶辅助系统和自动驾驶车辆需要采集、传输和存储海量数据。在工作过程中，需要确保采集的数据在传输和导入的过程中无法被恶意访问和篡改，用户可根据管理控制台服务单状态信息跟踪数据传输进程。同时，还需要提供高性能、高可靠、低时延、低成本的海量存储系统，可与大数据组合使用，大幅度降低成本。数据存储过程如图 5-11 所示。

② 仿真测试：开发的新算法在部署到车上之前会在云端的模拟器上进行测试。

③ 高精度地图生成：地图的生成采用众包形式，将每辆在路上行

驶的智能汽车实时采集到的激光点云或视觉数据上传至云端,实现高精度地图的完善和更新。

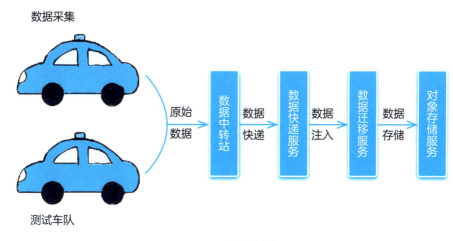

图 5-11　数据存储过程

④ 深度学习模型训练：自动驾驶的决策层采用多种不同的深度学习模型,深度学习算法存在"长尾"问题,对于陌生情形效果不佳,因此需要持续不断地利用新数据进行模型训练,来提升算法的处理能力。由于训练的数据集非常庞大,故需要在云端完成。

（1）仿真测试

自动驾驶汽车在真正商业化应用前,需要经历大量的道路测试才能达到商用要求。采用路测来优化自动驾驶算法耗费的时间和成本太高,且开放道路测试仍受到法规限制,极端交通条件和场景复现困难,测试安全存在隐患。

因此,基于场景库的仿真测试是解决自动驾驶研发测试挑战的主要路线。自动驾驶系统测试不同于传统的汽车整车或零部件试验,更多的是参照软件开发和测试的模型和流程。V 模型（快速应用开发模型）广泛用于软件开发和测试中,其要求在开发团队进行不同阶段开发的同时,测试团队编制对应的测试用例,并在开发阶段完成后立即进行测试。这就要求在集成测试、系统测试等暂无完整产品样件的情况下,就开始进行测试。自动驾驶仿真测试的基本流程如图 5-12 所示。

在自动驾驶系统的开发过程中,越早发现问题则修正问题的成本越低。在开发的早期,就建立起测试验证的手段,快速高效地发现和解决开发过程中的问题，可以有效减低开发成本、提高开发效率。自动驾驶车辆的自动驾驶部分主要由传感器、控制器和执行器构成，驾驶员驾驶车辆在不同的道路、交通和天气环境下接受测试。仿真测试就是模拟真实的驾驶环境进行测试，因此会对照真实世界，搭建模拟场景，也就是仿真测试平台，其一般由交通场景模块、传感器模块、车辆动力学模块和测试管理模块构成。

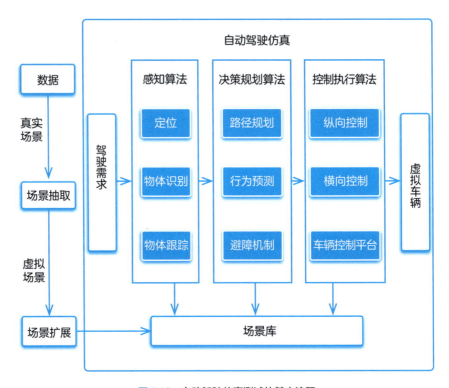

图 5-12　自动驾驶仿真测试的基本流程

　　交通场景模块用于模拟车辆运行的外部世界；传感器模块用于模拟车辆上安装的各种传感器，从而获得交通场景的状态；车辆动力学模块用于模拟车辆本身对自动驾驶算法控制的响应，特别是对加速、制动和转向的响应；测试管理模块负责对以上三个部分组成的仿真测试环境的管理，保证仿真测试的效果和效率。测试管理模块一方面对测试流程进行管理，另一方面对测试数据进行管理。

　　完整的自动驾驶仿真测试可以分为仿真工具开发、仿真工具集成、测试场景开发和仿真测试执行等工作，如图 5-13 所示。

1) 仿真工具开发

由于仿真工具开发难度较大，且模块的功能有较明显分隔，目前仿真工具一般由多家公司提供。例如，VTD、PreScan 是常用的场景和传感器模块仿真软件，CarSim 是常用的车辆动力学仿真软件，ECU-TEST 是常用的测试管理工具。

图 5-13 完整的自动驾驶仿真测试

2) 仿真工具集成

仿真工具集成包含两个方面的工作：一方面，根据测试需要选择合适的测试工具并将其集成为完整的仿真测试环境；另一方面，将被测算法与仿真测试环境集成，实现闭环测试。

3) 测试场景开发

测试场景开发工作的关键在于要保证仿真测试的场景覆盖度充分，这就需要针对自动驾驶算法的设计运行与系统进行详细的测试场景的设计。还需充分考虑周围车辆的运动和位置、道路、传感器感知盲区和自车运行状态等不同方面的因素，在场景设计完成之后，需要在仿真环境下搭建。

4) 仿真测试执行

仿真测试执行包含两个方面的工作：一方面是对测试场景库的维护和针对不同算法或功能在合适的测试场景下进行运行测试；另一方面是在测试完成后，整理并提供清晰的测试报告，以及提供测试结果的统计数据，为算法团队的改进提供有效支撑。

（2）高精度地图的生成

高精度地图又称自动驾驶地图、高精地图，是指地图元素更加详细、精度更高、属性更加丰富、面向智能车或者机器人使用的地图。

传统的电子地图误差高达 10m，而且不包括三维信息；但高精度地图数据的误差只在 0.2m 之内，而且其包括三维信息，这不仅可以辅助自动驾驶车辆实现定位，还可以给自动驾驶系统的规划层提供车道级别的信息，最终帮助自动驾驶车辆实现厘米级的路径规划。高精度地图和传统导航电子地图对比如图 5-14 所示。

地图种类	精度/m	维度	使用对象	语义精细程度
高精度地图	0.2	三维	智能车(机器人)	车道级
导航电子地图	10	大部分二维	人	道路级

图 5-14 高精度地图和传统导航电子地图对比

制作一张高精度地图大概分为 3 个过程：采集、加工、转换。采集地图需要一些传感器来获取数据，下面是需要的传感器：

LiDAR 主要用来采集点云数据，因为激光雷达可以精确地反映出位置信息，所以激光雷达可以知道路面的宽度、红绿灯的高度，以及一些其他的信息，也有厂家基于视觉 SLAM（纯摄像头测距）来制作地图。摄像头主要用来采集一些路面的标志、车道线等，因为图像的像素信息更多，而位置信息不太精确，所以采用摄像头来识别车道线、路面的一些标志等。卫星导航系统记录了车辆的位置信息及当前采集点的坐标。IMU 用来捕获车辆的角度和加速度信息，校正车辆的位置和角度。用 Apollo 的录制 bag 功能，可以把传感器的数据都录制下来，提供生成高精度地图的原始数据。

下个环节就是采集数据，采集过程中需要多次采集来保证采集的数据比较完整。例如，在路口的时候，从不同的角度开车过去看到的建筑物的轮廓是不一样的，这些轮廓就是激光雷达扫描到的数据。所以遇到路口或者多车道的情况，尽可能多采集几次，才能收集到比较完整的地图信息。

高精度地图的数据结构如图 5-15 所示。

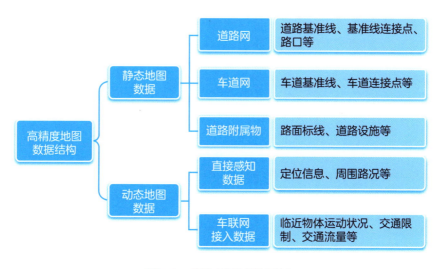

图 5-15　高精度地图的数据结构

5.2　人机共驾

人机交互分为两个过程：一是人对车下发指令，二是车给人的反馈，如图 5-16 所示。

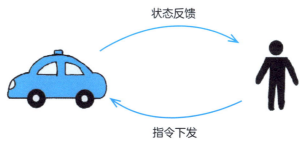

图 5-16　人机交互过程

人机共驾技术作为实现人类驾驶到机器完全自主驾驶的过渡环节技术，已渐渐成为解决交通难题的通解型技术。为了实现对车辆的有效控制，人和机器必须在感知、决策和执行等方面进行深层次的合作，分享车辆控制权和决策权，协同完成驾驶任务。

人机共驾的核心问题还是在于人机交互的协同，由于自动驾驶测试场景的不可复现性以及测试的安全、周期、成本的限制,相关的技术测试难以完全依靠实车道路测试实验。随着仿真技术的进步,自动驾驶汽车相关测试可以在更安全、舒适、经济的环境下进行。驾驶模拟系统作为一种汽车测试工具,兼顾车端与人端数据采集功能,利用仿真技术实现多种场景高精度还原,极大地提高了智能汽车人机交互测试评价的效率,对于智能汽车人机共驾技术的研究具有重要的实际价值与意义。人机共驾结构示意图如图 5-17 所示。

按照相关文献对辅助驾驶的分类思想,依据驾驶操作方式和驾驶员参与数量可将人机共驾技术分为三个等级。

第一等级:不具备独立完成任何一项驾驶任务的自动化辅助技术(ABS 和 EPS 等)。采用预先设定好的规则对自然驾驶人的操作控制进行完善和改进,进而降低自然驾驶人驾驶强度和改进驾驶效果。该等级中,只有自然驾驶人具备独立的驾驶能力,但参与驾驶操作的是自动化系统和自然驾驶人双方,有文献将其定义为单驾双控系统,如图 5-18 所示。其中,虚线表示被动,实线代表主动,r_b 代表自然驾驶人的驾驶任务,u_a 代表自动化系统的驾驶操作,u_b 代表自然驾驶人的驾驶操作,x_v 代表车辆状态。

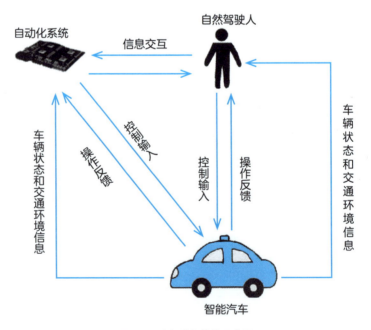

图 5-17　人机共驾结构示意图

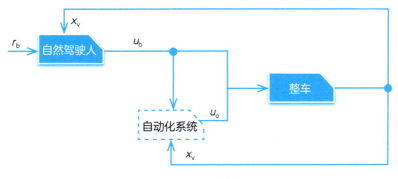

图 5-18　单驾双控结构

第二等级：至少可独立实现某一项驾驶任务的智能汽车，由自然驾驶人和自动化系统交替完成驾驶任务。在该等级中，具有独立驾驶能力的有自动化系统和自然驾驶人，但在确定的时段内，参与驾驶的只能是自动化系统和自然驾驶人中的一个，其定义为双驾单控结构。在自动化系统独立工作时，自然驾驶人承担驾驶任务的下发者、引导者以及监管者的任务，两个驾驶者甚至在时间维度上呈现交替接管的现象，故又称为串联型双驾单控结构，其结构示意图如图 5-19 所示。其中，r_{h2a} 为自然驾驶人下发给自动化系统的驾驶任务。

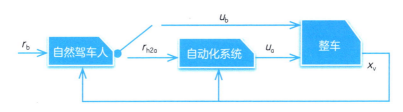

图 5-19　串联型双驾单控结构

由于串联型双驾单控结构存在控制权切换的过程，因此根据切换的发起者和强制性，控制权切换又可分为以下 3 类。第一类是自然驾驶人发起的可选择切换，即由自然驾驶人在非紧急情况下主动打开或者关闭自动化系统所产生的切换；第二类是自然驾驶人发起的强制性切换，即当自动化系统无法完成驾驶任务时由自然驾驶人主动接管，或者当自然驾驶人发现其本身突发心理或者生理上疾病而无法驾驶时所发起的切换；第三类是自动化系统发起的强制化切换，即当自动化系统感知到自然驾驶人无法驾驶时而主动发起的切换，或者是当自动化系统发现其自身不能承担驾驶任务时向自然驾驶人发出接管请求。

第三等级：至少可独立地完成某一项驾驶任务的智能汽车，其自然驾驶人和自动化系统同时分权完成驾驶任务。在该等级中，具有独立驾驶能力的有自然驾驶人和自动化系统，同时两者在大部分时间都参与了驾驶操作，其结构为被定义为双驾双控结构。在一些文献中将双驾双控结构分为直接型和间接型。直接型的双驾双控结构指两个驾驶者有各自独立的输入，经过共享策略进行控制权限分配。间接型的双驾双控结构是指自动化系统在得到自然驾驶人的输入后，经过自动化系统选择性地处理（甚至摈弃），得到最后的车辆控制输入。虽然这种分类方式有一定的合理性，但从双驾双控结构的定义中可以发现，直接型、间接型的双驾双控结构本质上都是同一时刻对两个驾驶者所做出的控制进行权重分配的问题。其不同的地方在于它们将共享策略是作为单独模块存在，还是将其融合在了自动化系统模块中，如图 5-20 所示。图中，r_a 为自动化系统的驾驶任务，u_s 为人机共驾后的驾驶操作。

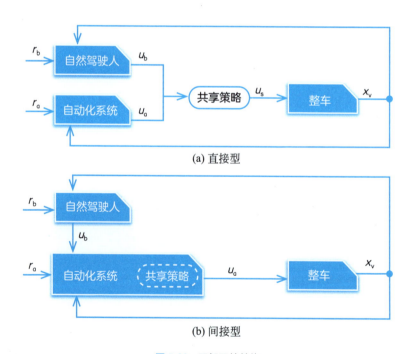

图 5-20　双驾双控结构

5.3 V2X

车联网 V2X（Vehicle to Everything）即车对外界的信息交换。V2X 包括车辆与车辆 V2V（Vehicle to Vehicle）、车辆与基础设施 V2I（Vehicle to Infrastructure）、车辆与行人 V2P（Vehicle to Pedestrian）、车辆与外部网络 V2N（Vehicle to Network）等各种应用通信应用场景，如图 5-21 所示。

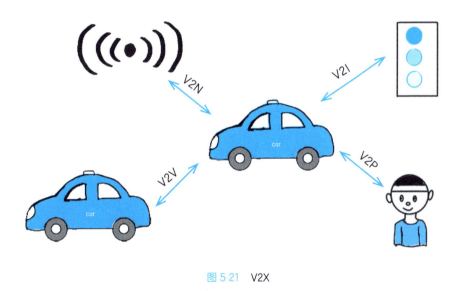

图 5-21　V2X

V2V（Vehicle to Vehicle），指通过车载终端进行车辆间的通信。最普遍的应用场景是在城市街道与高速公路中，车辆之间相互通信、发送数据，实现信息和数据的共享。智能汽车计算平台可以通过发送或接收车辆的时速、相对位置、制动、转向等所有与行驶安全相关的数据，甚至包括拍摄周围事物的图片或者音视频等，分析和预判其他车辆的驾驶行为，从而实现主动的安全策略，提升行驶安全，为半自动驾驶、自动驾驶提供数据支撑。

V2I（Vehicle to Infrastructure），指车载设备与路边基础设施（如红绿灯、交通摄像头、路侧单元等）进行通信，路边基础设施获取附近区域环境的信息并发布各种实时信息。车与路通信主要应用于实时信息服务、车辆监控管理、不停车收费等。智能汽车计算平台需要通过分析接收到的路边基础设施的警示信息，如十字路口的盲区碰撞、道路施工、救急车辆、交通堵塞和事故警告，以及视线盲区的交通信号或标志指示，提示用户相应的险情，推荐优化的驾驶行为，促进道路车辆行驶和周边信息的合理化和完善化。

V2P（Vehicle to People），指车辆中的车载设备和弱势交通群体（包括行人、骑行者等）使用用户设备（如智能手机、可穿戴式设备、自行车 GPS 信号仪等）进行通信。车与行人通信主要应用于交通安全、智能钥匙、位置信息服务、汽车共享等。智能汽车计算平台通过支持强大的安全通信，通过智能钥匙，实现无钥匙进入和远程启动等功能。同时，还要通过强大的计算能力，实时推算行人或者骑行者的行动轨迹，为驾驶员提供驾驶预判，避免发生交通事故。

V2N（Vehicle to Network/Cloud），指车辆中车载设备通过网络与云平台连接，云平台与车辆之间进行数据交互，并对获取的数据进行存储和处理，提供远程交通信息推送、娱乐、商务服务和车辆管理等。车与云平台通信主要应用于车辆导航、车辆远程监控、紧急救援、信息娱乐服务等。对于 V2N 来说，智能汽车计算平台需要强大而迅捷的数据处理能力以及海量的数据存储机制，以处理超高速率、超高吞吐量、高可靠性、超低时延的网络数据。

目前，车联网无线通信技术标准主要有两大类：DSRC（Dedicated Short Range Communication，即 IEEE802.11P）标准、蜂窝车联网（Cellular Vehicle-to-Everything，C-V2X）标准。

5.3.1 基于局域网络的 V2X

专用短程通信（DSRC）起步较早，最早出现在 20 世纪 90 年代。美国政府花费了上亿美元用于发展 DSRC，此项技术可帮助实现车辆到车辆（V2V）和车辆到基础设施（V2I）的通信，使车辆与智能交通信号灯进行数据传递，以此来缓解交通拥堵，并对道路上发生的事故或恶劣天气状况提供预警。通用和丰田是这项技术的最大支持者，日本在这个领域也处于领先地位。2015 年以来，丰田累计在大约 10 万辆汽车中配备了 DSRC 系统，2021 年开始在美国市场销售的丰田和雷克萨斯品牌产品都部署了 DSRC。

DSRC 的 IEEE802.11p 标准是在 IEEE802.11 标准基础上增强设计的车联网无线接入技术标准，支持 V2X 直通通信，已进行十多年的研究，但由于使用的技术原理原因，还存在一定的局限。第一，DSRC

在物理层采用正交频分复用技术,这种技术限制了最大的传输功率及传输范围,不适于长距离通信的应用场景;第二,DSRC 属于视距传输技术,障碍物较多的场景将会对其造成影响;第三,DSRC 相对于 C-V2X 来说成本高,全面部署 DSRC 需要政府提供数十亿美元的资金来建设基础设施。此外,美国国家公路交通安全管理局估计,选择 DSRC 还需要给每辆汽车安装约 300 美元的专用设备。

DSRC 是一种小范围无线通信系统,它作为车-路的通信平台,通过信息的双向传输将车辆、道路有机地连接起来。DSRC 设备通过通用的串行口与计算机连接,成为一个高性能的移动数据采集装置。在计算机上配置相应的计算机软件、设备和网络,能构成不同应用条件要求下的车载设备信息统计、处理及管理系统,广泛应用于路桥收费、公安交管、智能小区及海关通关等相关短程移动信息应用领域。其典型应用案例如图 5-22 所示。

图 5-22　典型的专用短程通信系统的通信区域

专用短程通信设备基于专用短程通信规范,主要包含路侧设备(Road Side Unit,RSU)、车载设备(On Board Unit,OBU)和专用通信链路,通过路侧设备和车载设备之间的无线通信实现路网与车辆之间的信息交流。RSU 是 OBU 的读写控制器,由加密电路、编解码器电路和微波通信控制器等组成,以 DSRC 通信协议的数据交换方式和微波无线传递手段,实现移动车载设备与路侧设备之间安全可靠的信息交换的目的,如图 5-23 所示。

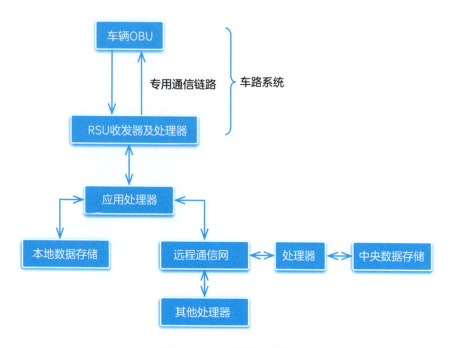

图 5-23 DSRC 通信系统模型

  OBU 是一种具有微波通信功能和信息存储功能的移动识别设备。OBU 本身既可以作为独立的数据载体成为单片式电子标签，也可以通过附加一个智能卡读写接口，实现扩展的数据存储、处理、访问控制功能，而成为双片式电子标签。智能卡的引入，不仅使电子标签的扩展存储空间大大增加，可以容纳更多的应用，而且还可以作为电子钱包形式的金融储值卡使用，大大降低了系统营运的风险。

  根据调制方式的不同，DSRC 系统可分为主动式（Active System）和被动式（Passive System）两种。主动式又称为收发器（Transceiver）系统，在这种系统中，OBU 和 RSU 均有振荡器，都可以用来发射电磁波。当 RSU 向 OBU 发射询问信号后，OBU 利用自身的电池能量发射数据给 RSU，主动式系统中 OBU 必须带有电池。被动式系统又称为异频收发系统（Transponder System）或反向散射系统（Backscatter System），是指 RSU 发射电磁信号，OBU 被电磁波激活后进入通信状态，并以一种切换频率反向发送给 RSU 的系统。被动式系统中 OBU 可以有电源，也可以无电源。

5.3.2 基于蜂窝网的技术（C-V2X）

C-V2X 是一种融合了蜂窝通信与直通通信的车联网通信技术。C-V2X 有两种互补的通信模式：第一种是直通模式，终端间通过直通链路进行数据传输，不经过基站，实现车辆与车辆、车辆和基础设施以及车辆和人的直通通信，支持蜂窝覆盖内与蜂窝覆盖外两种场景；第二种是蜂窝模式，沿用传统蜂窝通信模式，使用终端和基站之间的 Uu 接口实现 V2N 通信，并可基于基站的数据转发实现车辆与车辆、车辆与基础设施、车辆和行人之间的通信，如图 5-24 所示。随着 4G 到 5G 的发展，C-V2X 又包含了 LTE-V2X 和 NR-V2X。

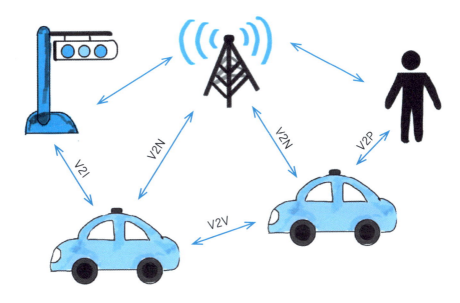

图 5-24 基于蜂窝移动通信系统的 C-V2X 技术

大唐团队在国际上最早提出基于 LTE 系统的 LTE-V 技术，其包括两种工作模式：蜂窝方式（LTE-V-Cell）和直通方式（LTE-V-Direct）。蜂窝方式主要是把基站作为集中式的控制中心和数据转发中心，由基站完成拥塞控制、集中式调度和干扰协调等，可以明显提高 LTE-V2X 的接入和组网效率，确保业务的连续性和可靠性。直通方式主要是车与车间直接通信，为了实现低时延和高可靠传输、节点高速运动、隐藏终端等要求，该方式可使资源分配机制增强。在实际应用中，LTE-V-Cell 技术可为车辆提供高速数据的连续性传输，LTE-V-Direct

技术可实现车与车之间的信息交互，避免车辆碰撞发生事故。LTE-V 典型的工作场景如图 5-25 所示。

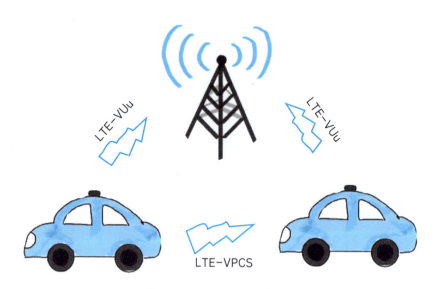

图 5-25　LTE-V 典型的工作场景

V2X 有两种通信接口：一种是短距离直接通信接口（PC5），主要是车与车之间的直接通信，无需基站作为控制中心；另一种是终端和基站之间的通信接口（Uu），利用基站进行集中控制并进行数据转发，可以实现更长距离和更大范围的通信。

NR-V2X 具有增强的新 NR 系统以及 NR 直通链路传输模式，可以满足车辆通信过程中对高可靠、低时延的要求，它的目的是提供车辆编队驾驶、传感共享、远程驾驶等功能。

编队驾驶：旨在实现多个车辆自动编队行驶，队伍中的全部车辆可接收头车周期性的广播数据，编队操作可以实现后车跟随式的自动驾驶。编队驾驶使车辆能够紧密地在一起安全行驶，减少高速公路上许多车辆的使用空间。因此，可以使更多车辆在使用公路的同时而不会造成拥堵。编队驾驶可以减小车辆的行驶阻力，提高安全性和舒适性，同时也可降低总体油耗。为了保持车队中车辆之间的距离，车辆需要共享速度、航向角和制动、加速、转向意图等状态信息。

传感共享：全称为传感器和状态地图共享，主要是通过共享原始或处理过的传感器数据来建立集群的状态感知，以实现从局部范围到网络区域的状态感知。此应用利用高可靠性传输等特性实现协同驾驶、路口安全等行人和车辆的紧急通信。车辆和路边单元将借助传感器获得的数据共享给周边车辆，允许车辆协调运动轨迹或操作，进而提高驾驶安全性，提高交通效率；实现车、路、人和网之间的数据交换，拓宽车辆传感器的探测范围，进而增强车辆对自身环境的感知能力。

远程驾驶：在某些驾驶条件受限或行驶轨迹相对固定的场景下，由驾驶员或程序远程操作车辆。它不同于自动驾驶，操作人员可以根据实时视频及时了解车辆的潜在危险，发送远程指令。所需的视频流不仅包括外部图像，还有内部图像，同时还需对乘员上下车等多种场景作出反应，并通过云数据实现车辆之间的协调，进而可减少交通拥堵。综上，远程驾驶必须有高质量视频流的可靠性传输。

DSRC 和 C-V2X 的总体区别如图 5-26 所示和表 5-1。

图 5-26　DSRC 和 C-V2X 的总体对比

表 5-1 DSRC 和 C-V2X 的特点对比

特点	DSRC	C-V2X
带宽容量	中	高
覆盖能力	中	高
移动性	中	高
非视距感知能力	低	高
安全性	高	中
技术成熟度	高	中
标准化程度	高	中
专业基础设施投入	高	中
商业应用潜力	低	高

5.4 汽车"黑匣子"——事故数据记录仪

事故数据记录仪（EDR）类似于飞机的"黑匣子"——飞行数据记录仪（FDR），是一种能够记录车辆碰撞事故数据的车载设备。迄今为止，EDR 技术已经发展 40 多年了。目前，国外 EDR 数据已经越来越多地应用在交通事故重建、法庭证供及车辆主动安全技术的开发中。

装配事故数据记录仪的车辆必须要记录的数据包括发动机节气门开度、制动系统开关、碰撞时的点火周期、驾驶员安全带使用状态、正面气囊警示灯等十几项数据，除此之外，EDR 还会记录更多的数据元素，以供各领域研究人员使用。

从事故数据记录仪数据来源来说，EDR 所记录的数据来源于车辆上的电子设备，然后再通过 CAN 总线传递给事故数据记录仪。目前，这类的电子设备主要包括三个部分：电子控制模块、动力控制模块和安全气囊控制模块。

当前普遍使用的 EDR 数据工具是 CDR，主要包括接口模块、模块连接线、适配器等。EDR 数据读取途径通常有两种：第一种是通过 OBD-Ⅱ 标准接口读取，另一种是连接 EDR 或者内置 EDR 的控制模块。这两种方法配备专用的模块连接线和适配器，如图 5-27、图 5-28 所示。

早期的 EDR 仅仅用于监控安全气囊的碰撞表现，以便优化安全气囊的设计开发。那时，EDR 依托于安全气囊模块，可以用来记录乘员约束系统在真实碰撞中的相关数据。目前，主动安全领域成为了各个汽车制造商的研发热点，真实发生的交通事故有关数据对汽车主动安全系统的开发、评价以及优化有很高的实际参考意义。另外，EDR 可以解决交通事故重建中的很多技术难题，并且可以在很大程度上提高交通事故重建的准确度和可信度。

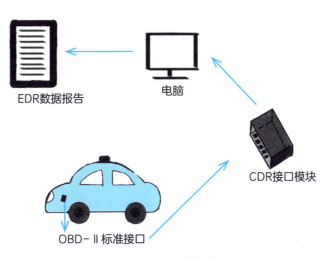

图 5-27　通过 OBD-Ⅱ标准接口读取示意图

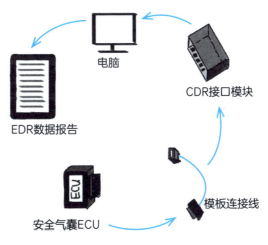

图 5-28　连接控制模块读取示意图

第6章

未来发展趋势

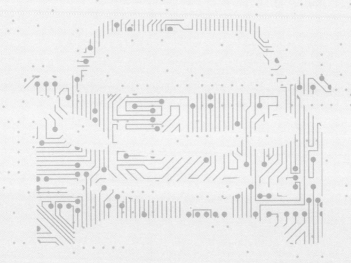

当前,汽车产业正在经历百年一遇的变革,以电动化、智能化、网联化、共享化为特征的"新四化"浪潮正深刻改变着汽车行业的面貌。

(1) 电动化

电动化作为新能源汽车发展的主要技术路线,已成为汽车行业发展的趋势和潮流,是世界新一轮科技革命和产业变革的重要组成部分。众所周知,传统燃油车是依托"三大件"——发动机、变速器、底盘进行转矩输出、机械传动,驱动车辆运行的。尽管传统燃油车运行的过程中有众多电子电控器件参与,但因其低电压弱电流,对乘员几乎无威胁,因此常规安全标准更侧重于汽车主动安全、被动安全,如汽车碰撞乘员防护、内部凸出物、转向系统对驾驶员伤害等。

电动汽车与传统燃油车大致有三点不同:一是传统燃油车的转矩输出有个逐渐攀升的过程,而电动汽车起步时驱动电机即输出最大转矩,这就是普通电动汽车加速性能远超众多豪华跑车的原因,这导致电动汽车的控制策略、整车操控与传统燃油车有较大区别;二是电动汽车电驱动模式,注定乘员处在高电压、高电流、高功率的环境中;三是蓄电池一般铺置于底盘,无论是三元锂离子电池,抑或磷酸铁锂电池,其稳定性、可靠性依然备受关注和争议,另外电池能量密度的提升到达了瓶颈期,生产商为迎合消费者盲目追求高续航里程的需求,电动汽车配套电池的规模也越来越大。

电动汽车充电场景如图 6-1 所示。

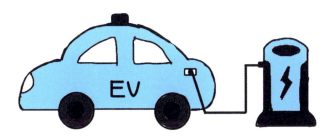

图 6-1 电动汽车充电场景

作为我国"碳中和"重要组成部分的新能源汽车产业仍处在高速发展期,其中电动化是最主要的技术方向。对于电动汽车用户尤为关注的整车安全、电气安全问题,现行电动汽车安全标准体系有严格的技术规范和安全要求,在指导汽车企业研发、测试、生产上发挥了实质作用。但是电动汽车安全标准的发展方向不应局限于硬件方面,也应聚焦汽车数据安全、软件系统稳定性和辅助驾驶可靠性。以电动汽车为载体,近年来汽车行业涌入很多新鲜血液,为电动汽车赋予了更多新科技,辅助驾驶、车路协同、OTA升级等不再只出现于概念车上,2020年,国内支持OTA升级的电动汽车销售超过35万辆。诸多道路安全事故的发生,也使个别头部企业频上热搜。尽管电动汽车作为交通工具的属性没有变化,但智能化设备的加入,使包括乘员信息和运维日志在内的汽车数据面临泄露和被滥用的风险。车机系统愈发"黑科技",宕机故障的风险也更高。而辅助驾驶技术的可靠性能否经受复杂路况考验未可知。无论汽车生产企业、工程师还是普通用户,都需要行业主管部门出台相关标准,重点关注驾乘安全和隐私保护两大方向,守住底线。

(2) 智能与网联化

现阶段,智能汽车与传统汽车相比而言,主要存在以下的几个特点。

首先,智能汽车结构只是在传统汽车上改进,没有特别显著的区别。因为L3、L4和L5级受到较大的技术限制,现在市面上的智能汽车更像是在传统汽车上增加了部分产品,使汽车更加智能化,更好地辅助驾驶员驾驶。L3级汽车驾驶场景如图6-2所示。

图6-2 L3级汽车驾驶场景

其次，智能汽车行业体现了多领域交叉融合，形成了多方跨界合作的特点。多领域是指智能汽车的制造不再只是依靠汽车企业和部分其他领域的企业，而更多的是需要互联网技术和人工智能产业的支持，汽车制造的工艺流程由链状变成网状。

运用在智能汽车上的先进技术更加多样化和智能化。在满足不同消费者使用需求时，要求智能汽车能够具有一定针对性，在足够了解消费者需求的前提下，按照消费者的不同标准满足这些需求。这种类似"人车对话"场景的实现，需要大力推动先进技术的创新发展。

① 5G 技术：现在我国大力推崇的 5G 技术有望对智能汽车的智能化起着巨大的推动作用。在未来的交通行业，要求"人-车-路-云"高度协同工作，5G 技术无疑是一个巨大的进步。5G 基站覆盖程度比 4G 更广，基站的数目也更多，同时具有超低时延等诸多优点。在 5G 技术支持下的车联网功能也就更强大，可以为智能汽车提供更高精度的定位、更快速的计算，保证智能汽车做出更为合理的路径规划和拥有更快的紧急情况处理能力，保障乘客的人身安全。由此可见，5G 技术的不断发展，能进一步加快其应用到智能汽车的脚步，也能进一步推动智能汽车市场的发展。

② 高精度地图：现在部分汽车已经能够达到 L3 级别的自动驾驶，高精度地图市场化的需求因此更加迫切。车企若能与高精度地图制作公司达成合作，能极大地提高智能汽车的市场竞争力。高精度地图最大的特点就是实时性，静态数据更新约为一个月，而动态数据的更新约为几秒，在智能汽车驾驶过程中能够更快地对路径进行规划，对可能发生的事故进行预判和规避。

③ 人工智能技术：人工智能在智能汽车领域有着很大的发展空间。首先，人工智能具有大数据分析更快、更准，对设计过程中出现的错误能够更快发现的特点，可使智能汽车的设计更加智能化。其次，人工智能运用于智能汽车上，汽车与人更能够交互，使智能汽车对人的需求做出准确判断与满足，特别是人工智能语音对话功能，不仅将人的指令传达给智能汽车，而且可以与人进行交流。

④ 其他技术：除此之外，ADAS、传感等技术进一步发展也为智能汽车的发展起推动作用。特别是基于视觉高效、低成本的环境感知将成为智能汽车未来产业化的主要方向。

最后是智能汽车伦理问题的发展，当智能汽车发生意外时，事故追责是关键。当无人驾驶汽车在道路上遇到突发情况而造成财产损失或人员伤亡时，对责任的追查很重要，是智能汽车责任、普通汽车责任、行人责任、汽车生产厂家责任还是汽车系统开发者的责任，需要尽快做出准确判断。因此，国家需要对这类问题进行分类制定相应的法律法规，对人、智能汽车、制造商进行约束。同时，智能汽车发展会使部分人失去工作，如何去平衡智能汽车技术的发展与就业问题也是很重要的。伦理方面不仅仅是事故追责和就业问题，还有生态伦理、交通权利等。在追求智能汽车发展的同时，也要建立健全的关于智能汽车伦理的法律法规体系。

（3）共享化

汽车发展的新特征不是孤立的个体，它们之间相互影响、关系密切。低碳化是满足日益严峻的能源、环境的要求，是必须满足的外部条件；电动化是汽车驱动形式的根本性变化，带动了整个产业的转型升级和技术的更新换代；万物互联时代催生了"互联网＋汽车"新模式，汽车互联也是共享化和智能化的基本条件；智能化是未来汽车发展的大势所趋，将成为未来产业竞争的核心领域，也将是未来汽车的基本特征。共享化既是一种商业模式，同时也代表未来的出行方式，是汽车发展的必然趋势之一。共享化（图6-3）与其他新特征共同发展，也会引导和带动其他新特征的加速实现。另外，低碳、电动、网联、智能、共享诸多新特征相互渗透、交叉融合，会催生新的产业形态，对这种新模式的正确认识和引导，对实现汽车强国至关重要。

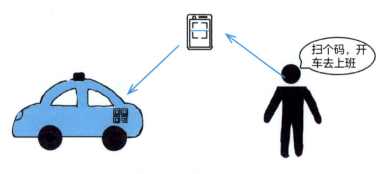

图6-3 共享汽车驾驶场景

1）共享汽车是实现低碳化的重要途径。

汽车低碳化发展是满足我国能源、环境、交通需求的主要途径之一。我国已经成为最大的温室气体排放国,二氧化碳排放强度高于发达国家。汽车产业庞大的发展基数和未来的持续增加将对我国能源、环境、交通带来巨大的压力,主要表现在以下三个方面:

第一,我国汽车能源消耗面临的形势严峻。

第二,汽车尾气已成为我国空气污染的重要来源之一。

第三,城市拥堵是目前我国交通的最突出问题,行车难、停车难、交通秩序混乱等问题日益突显,给人们的生活带来极大的不便,对城市交通管理也带来巨大的压力和冲击。

共享汽车的出现为应对汽车发展问题,实现健康可持续的低碳发展带来了新的解决方案。共享汽车以其自身独特的优越性,对缓解交通堵塞、提高通行效率、降低道路磨损、减少空气污染、降低对能源的依赖性等方面具有良好效果,深度的汽车共享对未来社会整体发展至关重要。

2) 共享汽车是电动汽车推广的重要市场。

城市公交车、出租车等领域正在推广新能源汽车。但电动汽车与燃油汽车相比目前还存在着许多不足,用户缺乏可以借鉴的使用经验,从而对产品的使用缺乏信任。这需要对新能源汽车的推广有新的突破口,特别是在私家车的使用上,共享汽车是电动汽车推广的一个重要途径。主要原因有以下几个方面:

一是共享汽车可以解决用户使用的很多顾虑,共享汽车的主要特点是短途、高频使用,按时间付费,这可以在一定程度上避免电动汽车续驶里程短的问题。

二是共享汽车可以帮助用户建立电动汽车使用体验,形成使用习惯。由于电动汽车在使用方式上与燃油车有许多区别,会颠覆部分用户的用车习惯,共享汽车为体验这种新产品提供了路径,能够帮助用户认识、了解电动汽车,熟悉和亲近电动汽车,转变消费者普遍对电动汽车不信任、缺乏使用信心的状况。

三是共享汽车在帮助推广电动汽车的同时,可以帮助企业收集用户在实际体验过程中的诸多反馈意见,便于企业根据更多用户意见,快速迭代升级产品。

3) 共享汽车可助推网联化普及应用。

网联化主要是指汽车与互联网融合,汽车成为跑在互联网上的汽车,是一个在线的移动终端。能够为用户提供语音导航、休闲娱乐、本地服务等多种功能，与此同时成为乘客大数据采集的端口。共享汽车是车联网发展的市场突破口之一，主要原因有以下几点：

一是采用新能源车队的共享汽车对车联网来说有着先天的优势。根据工业和信息化部的要求，所有的新能源汽车必须具有长期的、稳定的、持续的网络连接和数据采集的功能，特别是用于公共服务的车辆。共享汽车是未来公共服务车辆的主要渠道之一，需要具备最基本的网络化功能服务。

二是从消费端看，共享汽车的使用者主要是追求新鲜感、时尚感的新生代人群。

三是从产业发展的角度，共享汽车基于对自身智能技术的需求和未来的全球布局，也将带动车联网企业在全国的发展。

目前，国内已经有很多共享汽车企业涉足车联网行业，如微租车、宝驾出行等技术提供商，车联网产业角色丰富，产业链条长，通过连接服务业与制造业两大领域，为用户提供共享汽车底层技术和解决方案，如车辆内部情况的监控、车辆定位与数据收集、车辆主控件的智能操控等。

参考文献

[1] 中国软件评测中心. 车载智能计算基础平台参考架构1.0[J]. 智能网联汽车, 2019(4):85-94.

[2] 刘法旺, 李艳文, 王伟, 等. 车载智能计算基础平台的功能安全研究[J]. 软件, 2021, 42(1):81-85.

[3] 孔凡忠, 徐小娟, 褚景尧. 智能汽车计算平台的关键技术与核心器件[J]. 中国工业和信息化, 2018(6):28-38.

[4] 王敏, 付建宽, 宗岩, 等. 高级别自动驾驶汽车计算平台综述[J]. 时代汽车, 2021(22):30-32.

[5] 李克强, 常雪阳, 李家文, 等. 智能网联汽车云控系统及其实现[J]. 汽车工程, 2020, 42(12):1595-1605.

[6] 李克强, 李家文, 常雪阳, 等. 智能网联汽车云控系统原理及其典型应用[J]. 汽车安全与节能学报, 2020, 11(3):261-275.

[7] 李新洲. 车联网LTE-V2X与5G-V2X(NR)对比分析[J]. 信息通信技术与政策, 2020(7):93-96.

[8] 宗长富, 代昌华, 张东. 智能汽车的人机共驾技术研究现状和发展趋势[J]. 中国公路学报, 2021, 34(6):214-237.

[9] 陈山枝, 葛雨明, 时岩. 蜂窝车联网（C-V2X）技术发展、应用及展望[J]. 电信科学, 2022, 38(1):1-12.

[10] 钱宇彬, 李威, 冯浩. 车辆EDR数据分析及应用[J]. 汽车技术, 2017(12):48-53.

[11] 王雪柠, 翟媛, 陈颢. "十四五"时期我国汽车产业发展趋势简析[J]. 汽车工业研究, 2021(4):2-7.

[12] 任熠, 周梦菲. 浅谈我国智能汽车现状与发展[J]. 汽车实用技术, 2020, 45(23): 23-26.